物流师职业资格认证培训系列教材

货物运输实务

郭希哲　编著

中国物资出版社

图书在版编目（CIP）数据

货物运输实务／郭希哲编著．—北京：中国物资出版社，2011.9

（物流师职业资格认证培训系列教材）

ISBN 978－7－5047－3949－0

Ⅰ.①货… Ⅱ.①郭… Ⅲ.①货物运输－资格考试－自学参考资料 Ⅳ.①U

中国版本图书馆 CIP 数据核字（2011）第 161604 号

策划编辑	张 茜	**责任印制**	方朋远
责任编辑	张 茜	**责任校对**	孙会香 杨小静

出版发行	中国物资出版社		
社 址	北京市丰台区南四环西路 188 号 5 区 20 楼	**邮政编码**	100070
电 话	010－52227568（发行部）		010－52227588 转 307（总编室）
	010－68589540（读者服务部）		010－52227588 转 305（质检部）
网 址	http：//www.clph.cn		
经 销	新华书店		
印 刷	中国农业出版社印刷厂		
书 号	ISBN 978－7－5047－3949－0/U·0073		
开 本	880mm×1230mm 1/16		
印 张	10.75	**版 次**	2011 年 9 月第 1 版
字 数	243 千字	**印 次**	2011 年 9 月第 1 次印刷
印 数	00001—10000 册	**定 价**	30.00 元

物流师职业资格认证培训系列教材

编写委员会

主　任　何黎明

副主任　任豪祥

主　编　丁俊发

副主编　史文月　王　佐

中国物流业的发展人才是关键
（代序）

《国家中长期人才发展规划纲要（2010—2020年）》（以下简称《规划》）明确指出："人才是指具有一定的专业知识或专业技能，进行创造性劳动并对社会作出贡献的人，是人力资源中能力和素质较高的劳动者。人才是我国经济社会发展的第一资源。"《规划》要求"加大重点领域急需紧缺人才开发力度""培养造就一大批具有全球战略眼光、市场开拓精神、管理创新能力和社会责任感的优秀企业家和一支高水平的企业经营管理人才队伍。"为此，要创新人才培养模式，探索并推行创新型教育方式方法。

物流业作为一个新兴的战略性产业，是国民经济的重要组成部分，涉及领域广，吸纳就业人数多，促进生产、推动消费作用大，在促进产业结构调整、转变经济发展方式和增强国民经济竞争力等方面发挥着重要作用。中国的物流业由于起步晚，在整体发展水平上和发达国家差20~30年。

影响中国物流业发展的因素很多，但物流人才的缺乏是关键性的，物流人才是稀缺资源，更是战略资源。根据美国奥尔良大学进行的全美物流业管理者教育程度的调查显示，大约92%的被调查者具有学士学位，41%的被调查者具有硕士学位，22%的被调查者具有从业资格证书，中国的差距太大了。所以我们一定要从战略高度来重视物流人才的培养。

著名管理大师彼得·德鲁克1962年这样描述过："我们今天对物流的了解并不比拿破仑时代的人所了解的非洲大陆多，我们知道物流存在着，而且规模很巨大，但仅此而已。虽然在物流的各专业领域有很多专家，如运输和仓储、制造和保险领域，但最近当政府主管部门寻求两三位专家对物流发展做些切实的建议时，在咨询到的产业界、政府界，甚至大学中却找不到一位真正合适的人选。"中国已经迈过了这一时期，2001年，中国物流与采购联合会在华中科技大学召开高等院校物流教学研讨会，我提出了启动中国物流人才教育工程的设想，分三个层次推进。一是学历教育。在教育部的支持下，到2010年年底，已有410所大学、224所高职院校和2000多所中专，开设了物流管理或物流工程专业，在校学生超过100万。二是物流从业人员的在职教育，特别是大专以上人员的继续教育，主要开展高级物流师、物流师与助理物流师的培训。到2010年年底，参加培训的人数已超过20万，有12万人取得合格证书。三是物流员的岗前培训。

在物流在职人员的培训中，要把物流管理人才的培训作为重点。我认为物流管理人才的培训分三个层次：

（1）培养造就优秀物流企业家。围绕发展具有国际竞争力的大型物流企业集团的目标，加快培养一批职业化、现代化、国际化的物流企业家。以创新精神、创业能力和经营管理水平为核心，大力提高物流企业家素质。

（2）建设一支物流职业经理人队伍。党中央与国务院要求，“全面推进职业资格证书制度，加强职业资格的统一管理”“建立社会化的职业经理人资质评价制度，加强规范化管理”。

（3）培训量大、面广的物流专业管理人员，如交通运输、仓储、包装、港口、海关、配送中心、物流中心、分拨中心、物流园区、物流信息平台等不同的专业物流管理人才与专业物流工程人才。

物流师职业资格证书培训教育是物流管理人才培训的主要途径。为了抓好物流师职业资格证书教育，中国物流与采购联合会在有关政府部门的指导下，组织制定了物流师国家标准，编写了教材，在全国布点，开展了物流师培训。从2010年起，根据物流业发展的新形式、新情况、新特点，我们全面更新了教材，突出操作技能与专业能力，物流员培训模块为《货物运输实务》或《仓储与配送实务》；助理物流师培训模块为《货物运输实务》《仓储与配送实务》；物流师培训模块为《销售物流管理》《物流企业运行管理》《生产物流管理》；高级物流师培训模块为《物流战略》《供应链管理》。我们希望这一工作得到全国物流界、教育界、企业界、新闻界与政府部门的大力支持，希望有志于物流人才教育工程的单位加盟这一事业，把物流师职业资格证书教育健康、规范、有序地向前推进，为中国物流业的发展作出新贡献。

丁俊发

2011年8月1日

目　录

单元1　货物运输概述

单元2　公路货物运输

单元3 铁路货物运输

单元4 航空货物运输

单元5 水路货物运输

单元6　多式联运

单元7　货物运输单证和风险管理

附　　件

单元1
货物运输概述

单元2
公路货物运输

单元3
铁路货物运输

单元4
航空货物运输

单元5
水路货物运输

单元6
多式联运

单元7
货物运输单证和风险管理

单元1　货物运输概述

学习目标

通过本单元的学习，你应能够：

1. 了解物流管理中货物运输的基本概念
2. 熟悉各种运输工具和设施
3. 了解货物运输环节和所有当事人的角色和任务
4. 掌握货物运输的主要操作过程

货物运输是构成物流的关键要素之一。无论是国内还是国际的货物运输都是指当供应方和需求方分别在两地（两个或两个以上的国家或地区）时，为了克服生产和消费之间时间和空间的间隔，对货物进行物理性移动的一项贸易或者交流活动。货物运输涉及的范围很广泛，主要有不同的货物运输方式和当事人。

本单元系统地介绍了公路运输、铁路运输、航空运输、水路运输和国际多式联运作业实务，阐述了这些运输方式的功效，从操作的角度向读者展示各种运输方式的细节。

本单元详细介绍了货物运输实务中涉及的几乎所有当事人，即托运人、承运人、代理人和收货人等，以及这些不同的角色在运输作业中的任务要求，同时介绍了对运输成本的控制、单证的缮制、涉及的法律法规、可能遇到的风险，以及如何规避风险等实际操作问题。

本单元着重讨论铁路、水路、公路和航空货物运输。由于管道运输的局限性，本单元没有将其纳入重点讨论范围。

鉴于货物运输作业和管理的复杂性，本单元的内容可能无法面面俱到，但是读者可以通过学习本单元的内容了解到很多货物运输作业知识，这些知识是对货物运输工作经验的总结，对在企业一线从事货物运输作业和管理的人会有很大帮助。

1.1 物流管理中货物运输的概念

1.1.1 如何理解货物运输

物流管理关注供应链成员同供应链上其他成员间的整合，以及产品移动和储存管理过程中的必要活动，货物运输是物流和供应链效率和价值的要素之一，所以实物的时间和空间的位移就构成货物运输实务的重要因素。

本单元从货物运输的概念开始，分析了运输与其他相关部门的关系和组织获取资源的必要性，使读者了解货物运输在当今的企业中的位置和功能。随后详细讨论了各种运输方式的构成，从而有助于那些正在从事或者即将从事运输操作的读者了解货物运输的实质。

然后，本单元讨论了运输的服务内容，读者可以结合自己的实际情况进行分析，获知对运输模式和货运代理人筛选的方法。为此，这里为读者提供了一些经验性的常识，包括国际国内货物运输的实际操作、流程及风险的防范等。

运输单证的管理是一项绝不可以掉以轻心的工作，本单元对有关运输的单证进行了细致的描述，其中不乏一些企业精英的真知灼见，如提单的缮制、注意事项、风险的规避等。

最后，本单元讨论了运输与《国际贸易解释通则2000》（《Incoterms 2000》，以下简称《通则2000》）的关系以及货物运输涉及的保险，方便读者在实际工作中加以借鉴。

2010年，国际商会正式推出修订的《Incoterms 2010》。新版本于2011年1月1日正式生效，这标志着经贸界使用了近十年的《Incoterms 2000》被新版本所取代。但是《Incoterms 2010》实施之后并非《Incoterms 2000》就自动作废，因为国际贸易惯例本身不是法律，对国际贸易当事人并无强制性约束力。国际贸易惯例在适用的时间效力上并不存在“新法取代旧法”的说法，即《Incoterms 2010》实施之后并非《Incoterms 2000》就自动废止，当事人在订立贸易合同时仍然可以选择《Incoterms 2010》或《Incoterms 2000》，甚至《Incoterms 1990》。对于《Incoterms 2010》的内容，将在本模块再版时进行讨论。

1.1.2 货物运输在组织获取运输资源过程中的作用

物流系统讲述的是三流合一，即实物流、资金流和信息流，其中实物流涉及原材料和产品流入、流经和流出企业的全过程。当然，人才流也是该系统的组成部分之一。

物流是供应链管理的一部分，实物在供应链上流动以便将价值传递给最终用户。运输是实物流动的最主要载体，因此运输构成了供应链上物流活动的主要因素之一。

供应链消耗资源，创造价值并将价值传递给最终用户，因此所有供应链都会致力于资源的获取，以便增强其竞争能力。在资源获取过程中，运输又扮演了至关重要的角色。现代化的交通运输系统由铁路、水路、公路、航空和管道五部分组成，这些运输系统和企业的库存、仓储、配送、信息传递和财务管理等经营活动息息相关。将运输孤立起来进行管理是传统的管理方式，这种传统的管理理念已经无法适应现在企业对运输的需求了。

除了完全垄断行业和寡头垄断行业之外，各个行业中的现代企业管理基本都是围绕着客户的需求进行的。从总成本的角度看，没有哪一种运输方式是绝对合理的。西方的权变理论也认为在企业管理中要根据企业所处的内外部条件随机应变，对于运输方式的选择同样不是以其成本单一因素来确定其是否可取。运输方式完全要根据企业的战略需求、最终客户的需求，以及总成本的需求等众多因素的权衡来确定，例如在需要快速补货的情况下，空运甚至会比海运更符合企业的需求。

1.1.3 涉及货物运输的方面

为了达到供应链的一体化目标，企业首先要对实物的流动进行有效的管理。就实物的流动来说，大多数企业涉及三个方面：供应物流、生产物流和销售物流①。如果将物流中的货物运输从企业外部和企业内部的角度分析，则企业内部涉及的是生产物流中的内部分拨作业，企业外部涉及的是货物交付和各种运输实务，包括逆向物流及其他有关部门的管理，如政府相关机构和各级交通运输管理部门的管理等。

1.2 运输系统和设施

1.2.1 公路运输系统和设施

公路运输灵活机动、迅速方便，可以提供“门到门”的物流服务。公路运输不仅可以构成独立运输体系，也可以与铁路车站、港口和机场配合，成为集散物资的重要手段。公路运输对我国经济发展有着非常重要的作用。

根据所承担的任务、功能和适应的交通量不同，我国公路被分为五个等级：高速公路、一级公路、二级公路、三级公路和四级公路。高速公路对国民经济发展和国防安全具有特别重要的政治经济意义，一般有四个或四个以上车道，设有中央隔离带，全部立体交叉，具有完善的交通安全设施和服务设施，全部控制出入，全国联网，是专供汽车高速行驶的公路。一级公路是连接重要政治经济文化中心、部分立交的公路。二级公路是连接政

① 生产物流和销售物流内容参见相关单元。

治、经济中心或大工矿区的干线公路或城郊公路。三级公路是沟通县或县以上城市的支线公路。四级公路是沟通县、镇或乡的支线公路。

在我国“十二五”规划里，我国公路将基本建成由 7 条放射线、9 条纵线和 18 条横线组成的国家高速公路网。通车的里程达 8.3 万千米，基本覆盖 20 万以上人口城市，加大国省干线公路改造力度，国道二级以上公路里程比重达到70%以上，基本实现具备条件的县城二级及以上标准公路。随着政府加大对公路建设的投入，我国的公路网未来将会形成更加完善、发达的网络格局。我国高速公路网示意如图 1－1 所示。

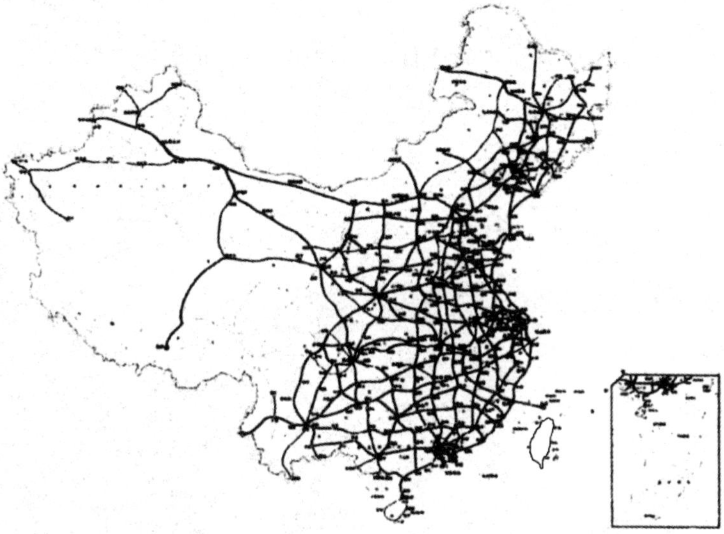

图 1－1　我国高速公路网示意

公路运输设施和设备包括运输车辆、公路和站场（如图 1－2 所示）等。

图 1－2　公路运输设施和设备

1.2.2　铁路运输系统和设施

中国铁路运输系统建设在改革开放后取得了令人瞩目的成就。2010 年我国铁路建设取得了巨大成就——迈入了高铁时代，并且铁路客货运量大幅增长。高铁运营里程达到了8358千米，日开行动车组列车1200列。货物发送量完成36.3亿吨，比2009年增长9.3%，创历史最好成绩。截至2010年年底，我国新建高铁营业里程达到5149千米，高铁快速扩充了铁路运输能力，为实现我国铁路客货分线运输创造了条件。

“十一五”期间，全国铁路基本建设投资完成1.98万亿元，是“十五”投资的6.3倍；新线投产1.47万千米，是“十五”的2倍；复线投产1.12万千米、电气化投产2.13万千米，分别为“十五”的3.1倍和3.9倍。全路复线率、电气化率分别达到41%、46%。区际干线建设取得重大进展，在建里程1.4万千米。货车车辆达到时速120千米技术标准，70吨级及以上通用货车占货车保有量的30%。如图1-3所示。

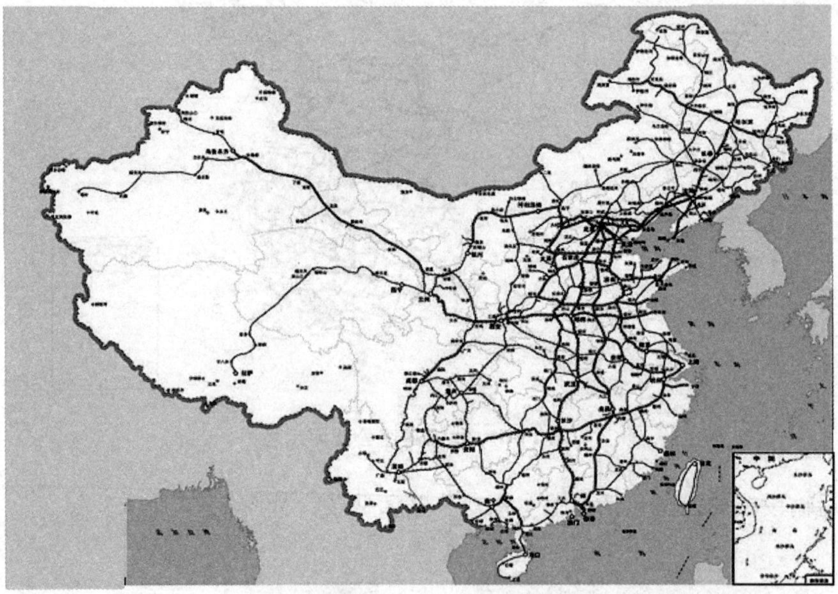

图1-3　我国铁路运营线示意

我国重载运输技术已达到世界一流水平。大秦铁路作为我国重载铁路技术创新的成功典范，在世界上首次将机车无线同步操纵技术与GSM-R技术结合，开行1万吨和2万吨重载组合列车，运量逐年大幅度增长，2010年超过4亿吨。在既有繁忙干线普遍开行5000~6000吨货物重载列车。铁路设施和设备如图1-4所示。

1.2.3　航空运输系统和设施

近年来，民航管理部门逐步放松对国内航空货运业的管制，极大降低了国内航空货运

图1－4　铁路设施和设备

市场的准入门槛，同时还积极扩大国际航空货运业务的对外开放的力度，有效地促进了我国航空货运的快速发展。据统计，我国已有中货航、国货航等9家全货运航空公司，全货运飞机70余架，在国际民航组织各缔约国定期航班货物周转量排名位居第二位。航空枢纽机场逐渐形成，如上海浦东、北京首都、广州白云、深圳宝安、厦门高崎和天津滨海机场等都已经成为国际性航空货运枢纽。我国现有近千家空运代理企业从事国际、国内航空货运的一类代理业务，1000多家代理企业从事国内航空货运的二类代理业务。

我国境内民用航空（颁证）机场共有166个（不含我国香港、澳门和台湾地区），其中定期航班通航机场165个，定期航班通航城市163个。①

在航权开放方面，近年来我国加大了与外国航空公司运输安排的灵活程度。我国与欧美等国的航空公司就运力、航线、第五航权、代码共享、包机等事项签订了比较宽松的双边运输协定。在通关服务方面，我国海关颁布了支持国际机场全面提升运作效能的诸项服务措施，包括24小时便捷通关、空中报关、多点报关、卡车航班直通式通关服务、保税监管通道、区港联动、网上一站式服务等。

航空运输的设施和设备主要包括飞机、机场、仓库、装卸设备等，如图1－5所示。

1.2.4　水路运输系统和设施

根据国家《全国内河航道与港口布局规划》，我国将建成“两横一纵两网十八线”的水路运输网。在水运资源较为丰富的长江水系、珠江水系、京杭运河与淮河水系、黑龙江和松辽水系及其他水系形成长江干线、西江航运干线、京杭运河、长江三角洲高等级航道网、珠江三角洲高等级航道网和18条主要干支流高等级航道的布局，使他们构成我国各

① 文中采用我国2009年的统计数据。

图1－5　航空设施和设备

主要水系以通航千吨级及以上船舶的航道为骨干的航道网络。

水路运输的设施和设备（如图1－6所示）主要包括船舶、港口等。

图1－6　水路设施和设备

港口是具有水陆联运设备和条件，供船舶安全进出和停泊的运输枢纽，是水陆交通的集结点，是工农业产品和外贸进出口物资的集散地及船舶停泊、装卸货物、上下旅客、补充给养的场所。

码头是供船舶停靠、货物装卸和旅客上下的建筑物，是港口的主要组成部分，如图1－7所示，其配套设施还包括仓库、堆场、公路、铁路等。

图1－7　港口码头设施

1.2.5 管道运输系统和设施

管道运输是用管道作为货物运输工具的一种长距离输送液体、气体或者浆体物资的运输方式，如图 1－8 所示。管道运输系统由大型钢管、泵站和加压设备等组成。当今世界大部分的石油、绝大部分的天然气都是通过管道运输的。

图 1－8　管道设施和设备

管道运输是大宗流体货物运输最有效的方式。固定的管道本身就是运货的载体，由泵或压缩机将能量直接作用在输送介质上。按管道的铺设方式可将管道分为埋地管道、架空管道、水下管道等；按输送介质可以分为原油管道、成品油管道、天然气管道、油气混输管道、固体物料浆体管道等；在石化行业，按其在油气生产中的作用又可分为矿场集输管道，原油、成品油和天然气的长距离输送干线管道，天然气或成品油的分配管道等。

管道运输的特点是运量大，建设投资相对较小，占地面积少，较少受地理条件限制。由于管道埋于地下，基本不受气候影响，可以长期稳定运行。管道输送流体能源，其设备运行比较简单，易于就地自动化和进行集中遥控，目前先进的管道增压站已完全做到无人值守。管道运输是五种运输方式中环保程度最高的清洁运输方式，沿线不产生噪声，由于节能和高度自动化，用人较少，使运输费用大大降低，而且漏失污染很少。

管道运输的局限性也很多，如无法灵活运送，对货物的要求很高，运输对象单一，不具有通用性。如一旦油田产量递减或资源枯竭，则该段原油管道即报废。如自管道投产之日起，管内即充满所输的物质，直到停止运行之日止，有一部分物质会长期积存在管道中，使运输成本上升。

1.3 运输工具

货物运输工具包括船舶、飞机、火车、汽车和其他，其作用是以载体的形式来实现对所承载货物空间上移动。

1.3.1 公路运输工具

公路运输工具主要包括客运汽车和货运汽车，货运汽车也称载货汽车或载重汽车，本单元仅对货运汽车进行讨论。

1. 按照车型分类

从车头形式看，货运汽车有平头式和长头式；从车厢结构看，有厢式、平板式和集装箱式；就整体结构而言，有单车（整体式）、拖挂车和汽车列车（铰接式）之分。

2. 按照载重吨分类

微型货车（1.8吨以下）、轻型货车（1.8~6吨）、中型货车（6~14吨）、重型货车（14吨以上）。①

各种货运汽车性能和作用分述如下（如图1-9所示）。

（1）小型厢式载货汽车一般用于运距较短、货物批量较小、对运达时间要求较高的货物运输。这种载货汽车广泛应用于商业和邮件运输等服务行业，封闭的车厢可使货物免受风吹、日晒、雨淋的危害。小型厢式载货汽车一般兼有滑动式侧门和后开门，货物装卸作业非常方便。由于其小巧灵便，可真正实现从发货人到收货人的“门到门”运输。这里所谓收货人的“门”，一般是指到达收货人的第一个大门，但在实际操作中双方还是要予以明确为宜，以避免发生误解。

（2）平板式载货汽车包括小型或轻型送货车和大中型平板式货车。轻型送货车又称“皮卡”（Pick-Up），主要用于运送小批量的货物。轻型送货车除了司机还可以乘坐少数作业人员，一般有单厢（驾驶室只有一排座位）和双厢（驾驶室有两排座位）之分。

---

① 我国汽车分类规则比较复杂，制定部门有中国汽车工业协会、财政部、交通部、公安部等，其分类目的各不相同。汽车分类建议参考国家标准《汽车和挂车类型的术语和定义》（GB/T 3730.1—2001）和《机动车辆及挂车分类》（GB/T 15089—2001）。

(3）厢式载货汽车是近年来国际货车市场上的一支主力军，其特点是载货容积大，货箱密封性好，尤其是轻质合金及增强合成材料的使用，为减轻车厢自重，提高有效载重量创造了良好的条件。

(4）拖挂车实际上由拖车（又称“牵引车”）和挂车两部分组成，二者通过一个连接装置相连，是提高运输生产率的有效工具。拖挂车有全挂和半挂之分。全挂车相当于一个完全独立的车厢，所负荷载全部作用于挂车本身的轮轴，由牵引车拖行。半挂车所负荷载只有一部分作用于挂车的轮轴，其余部分通过连接装置作用于牵引车的轮轴上，这类车型以集装箱拖车为主，它可以增大车辆的载重量。

(5）汽车列车是由牵引车或汽车与挂车组成，两者间能摘能挂，其可按需要灵活调配车辆，又可实行甩挂运输。甩挂运输指在一点装货和一点卸货，或一点装货和多点卸货，或多点装货和一点卸货的固定线路上，配备数量多于汽车列车或牵引车的挂车，以便到达装卸货点时，甩下挂车去完成其他运输指令。当被甩下的挂车装卸货作业完毕后，牵引车再返回拖走挂车，进行穿梭式的往复运输。

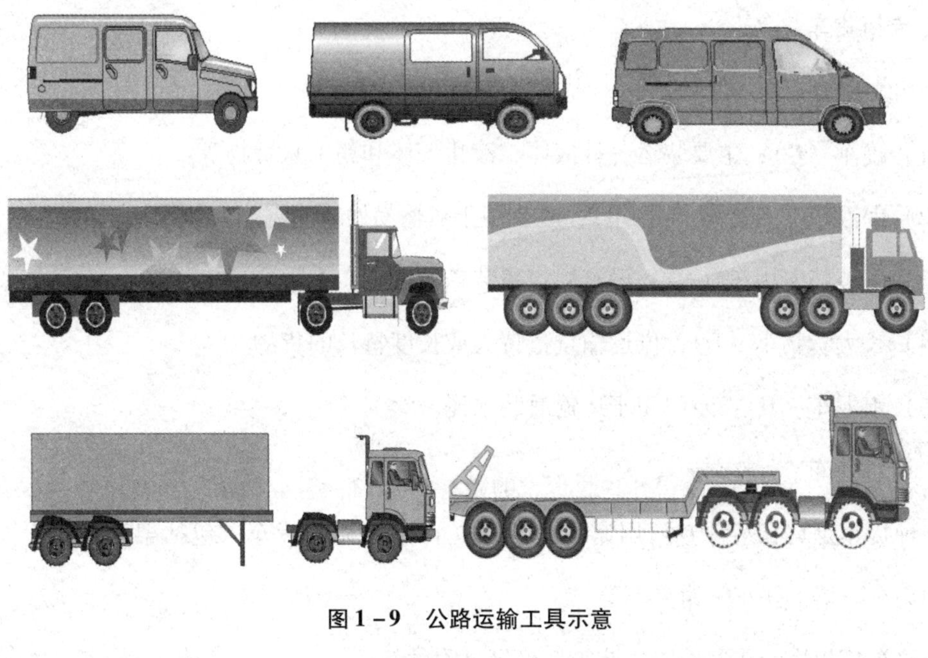

图1－9　公路运输工具示意

1.3.2　铁路运输工具

铁路运输工具由机车和车辆构成。车辆俗称车皮。机车（如图1－10所示）分蒸汽机车、内燃机车和电力机车，铁路车辆种类很多，主要有通用货车、专用货车和特种货车。

图1－10　铁路机车

1. 通用货车

通用货车包括以下三种。

（1）敞车（C）：主要运送煤炭、矿石、矿建物资、木材、钢材等大宗货物，也可用来运送重量不大的机械设备。

（2）棚车（P）：主要用来装运贵重和怕日晒雨淋的货物。

（3）平车（N）：主要用于运送钢材、木材、汽车、机械设备等体积或重量较大的货物，也可借助集装箱运送其他货物。

2. 专用货车

专用货车包括以下五种。

（1）罐车（G）：主要装运各种液体、液化气体和粉末状货物等。

（2）保温车（含冷藏车）（B）：主要用于运输易腐或对温度有特殊要求的货物。

（3）集装箱专用车（X）：设有固定集装箱的装置，专供装运集装箱。

（4）长大货物车（D）：供运输重量特大或长度特长的货物。

（5）水泥车（U）：专门用于运输散装水泥。

3. 特种货车

特种货车是具有某种专门用途或者特殊（种）用途的货车，包括架桥机械车、铺轨车、凹型车、落下孔车、钳夹车等。

铁路车辆规格和普通铁路集装箱规格等见附件5。

1.3.3　航空运输工具

货运飞机主要包括波音系列、麦道系列、空中客车系列以及国产飞机等。如图1－11和图1－12所示。

图 1－11　波音、麦道、空中客车飞机示意

图 1－12　国产飞机示意

空运集装箱（如图 1－13 所示）类型一般分为 AKE、AKN、DPE 和 DPN 四种类型。

（1）第一个字母中的“A”代表经适航审定的集装箱，“D”代表未经适航审定的集装箱；

（2）第二个字母代表箱底尺寸，其中“K”代表底面尺寸为 1534 毫米 ×1526 毫米的集装箱，“P”代表底面尺寸为 1534 毫米 ×1194 毫米的集装箱；

（3）第三个字母为适配代码，其中“E”适配于宽体机型的底舱，无插槽；“N”适配于宽体机型的底舱，有插槽。

1.3.4　水路运输工具

水路货物运输工具主要指船舶。货运船舶种类繁多，按用途不同，大致可分为：

（1）客货两用船：除了载运旅客之外，还可装载部分货物（水线以下的船舱尽可能用来装货），客货船在技术安全要求上与客船相同。

图 1－13　空运集装箱

（2）普通货船：运输包装成捆、成包、成箱的杂货的船，也称为杂货船。

（3）散货船：一般运输大宗干散货物的船舶都可以称为干散货船，或简称散货船。干散货船承载的货种单一，不需要将货物包装成捆、成包、成箱，不怕挤压，便于装卸，所以都是单甲板船。承运的货物一般是裸装，如谷物、煤、矿砂、盐、水泥、原木等无包装货物。散货船的等级分为灵便型散货船（Handysize Bulk Carrier）、巴拿马型散货船（Panamax Bulk Carrier）、好望角型散货船（Capesize Bulk Carrier）和大湖型散货船（Lake Bulk Carrier）。

（4）杂货船（General Cargo Ship）：载运各种有包装或成件货物的运输船舶。杂货船在世界商船队中吨位总数居首。在内陆水域中航行的杂货船吨位有数百吨至上千吨，远洋运输中的杂货船可达 2 万吨以上。杂货船有良好的经济性和安全性，不追求高速。

（5）集装箱船（如图 1－14 所示）：运输集装箱货物的船舶。该类船舶可分为以下三种类型：

图 1－14　集装箱船

全集装箱船——专门装运集装箱的船，不装运其他形式的货物；

半集装箱船——船的中部区域为集装箱的专用货舱，两端货舱装载其他杂货；

可变换集装箱船——船的货舱根据需要可随时改变，既可装运集装箱，也可以装运其他普通杂货，以提高船舶的利用率。但此类船舶比较少。

（6）其他类型船（如图 1－15 所示）：滚装船、载驳船；散粮船、煤船、兼用船（矿石/油船、矿/ 散货船/油船）、特种货船（运木船、冷藏船等）、油船、液化气体船、液体化学品船等。

图 1－15　其他类型船

1.3.5　集装箱类型

集装箱在我国南方，特别是在香港地区被称为“货柜”。

1. 普通集装箱（Dry Container）

普通集装箱又称干货集装箱，以装运件杂货（干货）为主，通常用来装运文化用品、日用百货、医药、纺织品、电子机械、工艺品、化工制品、五金交电、仪器及机器零件等。这种集装箱占集装箱总数的 70% ~80%。

2. 冷冻集装箱（Reefer Container）

冷冻集装箱温度可在 －28℃ ~26℃调整，分内置式和外置式两种。

内置式集装箱：在运输过程中可随意启动冷冻机，使集装箱保持指定温度。

外置式集装箱：必须依靠集装箱专用车、船和专用堆场，或车站上配备的冷冻机来制冷，这种集装箱现在已不多见。

3. 开顶集装箱（Open Top Container）

这种集装箱没有箱顶，可用起重机从箱顶上装卸货物，途中用防水布覆盖顶部，适合于装载体积高大的货物，如玻璃板、雕塑、较重的设备等。

4. 框架集装箱（Flat Rack Container）

没有箱顶和两侧，特点是从集装箱侧面进行装卸。以超重货物为主要运载对象，便于装载牲畜，还可以装运如钢材之类的裸装货。

5. 牲畜集装箱（Pen Container）

这种集装箱侧面采用金属网，通风条件良好，便于饲喂，是专为装运牛、马等活动物的特殊集装箱。

6. 罐式集装箱（Tank Container）

又称液体集装箱，或者罐箱。是为运输食品、药品、化工品、酒类等液体货物的特殊集装箱，其结构是在一个金属框架内固定上一个液罐。

7. 平台集装箱（Platform Container）

形状类似铁路平板车，适宜装超重超长货物，货物的长度可达 6 米以上，宽 4 米以上，高 4.5 米左右，重量可达 40 吨。两台平台集装箱联结起来可以装 80 吨的货物，这种箱子装运汽车极为方便。

8. 通风集装箱（Ventilated Container）

箱壁有通风孔，内壁涂塑料层，适宜装新鲜蔬菜和水果等怕热怕闷的货物。

9. 保温集装箱（Insulated Container）

箱内有隔热层，箱顶有能调节角度的进出风口，可利用外界空气和风向来调节箱内温度，密闭时能在一定时间内不受外界气温影响，适宜装运对温湿度敏感的货物。

10. 散装货集装箱（Bulk Container）

一般在顶部设有 2 ~ 3 个装货的小舱口，底部有升降架，可升高成 40°的倾斜角，以便卸货。这种箱子适宜装粮食、水泥等散货，如要货物进行植物检疫，还可在箱内熏舱蒸洗。

11. 散装粉状货集装箱（Free Flowing Bulk Material Container）

与散装箱基本相同，但装卸时使用喷管和吸管操作。

12. 挂式集装箱（Dress Hanger Container）

简称挂衣箱，内部有可悬挂衣服的设备，适合装运服装类商品的集装箱。

13. 其他专用集装箱

指装运有特殊要求的其他货物，如有毒物品、危险品等。

随着国际贸易的发展，商品结构不断变化，今后还会出现各种不同类型的专用或多用集装箱。常用集装箱规格见附件2。

1.4 运输作业中涉及的当事人

运输作业中所涉及的组织称作“当事人”，当事人包括托运人、承运人、代理人（包括无船承运人和国际多式联运经营人）和收货人。本单元中的“人”是组织的概念。

1.4.1 托运人（Shipper）

托运人，也称作发货人、委托人或货主，是运输合同的主要当事人之一。托运人的定义是指本人，或者委托他人以本人的名义的人，或者委托他人为本人与承运人订立货物运输合同的人；本人，或者委托他人以本人的名义，或者委托他人以本人的名义将货物交给与货物运输合同有关的承运人的人。简言之，托运人是和承运人或者货运代理签订运输合同的当事人，是货物运输过程中委托发货的一方。

1.4.2 承运人（Carrier）

承运人是在货物运输合同中提供运输工具（船舶、飞机、汽车、火车等）并负责按照托运人的指示将货物运送到目的地的当事人。货运代理以承运人的方式经营时称为无船承运人（Non – Vessel Operating Common Carrier，NVOCC），无船承运人具有部分承运人的职能。

《国际贸易术语解释通则2000》（《Inconterms 2000》，以下简称“通则2000”）对承运人的解释是：在运输合同中，承诺通过铁路、公路、空运、海运、内河运输或以上述运输的联合方式履行运输或承担办理运输业务的任何人。实际承运人，是指接受承运人委托，从事货物运输或者部分运输的人，包括接受转运委托从事此项运输的其他人。①

1.4.3 货运代理（Freight Forwarder）

1. 货运代理的定义

“货运代理”一词，国际上虽然没有公认的、统一的规定，但理论界对其概念的认

① 中华人民共和国海商法（1992），第四章，第二款。

识还是相同的。国际货运代理协会对“货运代理”的定义是：货运代理是根据客户指示，并为客户的利益而揽取货物运输的人，其本人并不是承运人。货运代理也可以依据这些条件，从事与运送合同有关的活动，如储货（也含寄存）、报关、验收、收款等。

货运代理作为订舱代理为承运人承揽货源的时候，实际上也为承运人提供了服务，但是其为托运人和收货人提供代理服务的原则并不会因此而改变。

货运代理简称“货代”，是根据托运人的委托，为托运人提供服务的人，但是其本人并非承运人（NVOCC 除外）。货运代理从事与运输合同有关的活动，如仓储、报关、验收、订舱、配载、收款、咨询等，并收取代理费或佣金。国际货物运输代理企业可以作为进出口货物托运人的代理人，也可作为独立经营人从事国际货代业务。

无船承运人（NVOCC）是指无船承运业务的经营者以承运人的身份接受托运人的货载，签发自己的提单或其他运输单证，向托运人收取运费，通过国际船舶运输经营者完成国际海上货物运输，承担承运人责任的海上运输经营活动的组织。我国 2002 年 1 月 1 日颁布实施的《中国人民共和国国际海运条例》第一次在立法中正式引入无船承运人概念。

综合世界各国航运立法和实践，无船承运人只是航运实践中的一种习惯性称谓，目前将无船承运人这一概念纳入到国家立法中的，只有美国和中国。

2. 国际货运代理的责任

目前，各国的法律对货运代理所下的定义及其活动的定义不尽相同，按其责任范围的大小，大体可归纳为以下三类：

（1）货运代理作为一个代理，仅对自己的错误和疏忽负责；

（2）货运代理作为一个代理，不仅对自己的错误和疏忽负责，还应使货物完好地抵达目的地，这就意味着其承担了承运人的责任和第三方造成损失的责任；

（3）货运代理的责任取决于合同的条文和自由选择运输工具等。

3. 国际货运代理的业务范围

根据《中华人民共和国国际货物运输代理业管理规定》，国际货物运输代理企业可以接受委托，代为办理下列部分或者全部业务：

（1）订舱、仓储；

（2）货物的监装、监卸、集装箱拼箱、拆箱；

（3）国际多式联运业务；[①]

（4）除私人信函外的国际快递业务；

（5）代办报关、报检、报验、保险；

（6）缮制有关单证、交付运费、交付杂费、结算；

（7）其他国际货物运输代理业务。

国际货物运输代理企业之间也可以相互委托办理有关的业务。

1.4.4 船务代理（Shipping Ggent）

船务代理简称“船代”，指接受承运人的委托，代办与船舶有关的一切业务的人。船舶代理分国内水运船舶代理和国际海运船舶代理。

国内水运船舶代理通常由各港务管理单位办理。国际海运船舶代理有船舶揽货总代理和不负责揽货的船舶代理两种形式，其主要工作是代表船公司安排到离港的船舶与港口当局、检验检疫、海关等相关部门衔接，安排船舶进出港作业、装卸货，处理单证、代理船公司签发提单、接受订舱等一系列和海洋运输有关的业务以及对承运人的其他服务性工作。

1.4.5 收货人（Consignee）

“收货人”，是指有权提取货物的人。[②]

运单上所指的收货人情况较为复杂。有时，由于进口管制的原因，最终的收货人并不体现在运单上。运单上的收货人往往是进口商，而在“通知人（Notify Party）”一栏显示的可能才是真实的收货人。另外，在复杂的货运情况下，主运单和分运单上所显示的收货人的意义有所不同。分运单上的收货人往往是真正的收货人，而主运单上的收货人则往往是货运代理人。[③]

因为有了运输作业中的不同当事人，就出现了各个当事人之间的关系、风险、成本和管理问题。这些问题将在单元7中讨论。

① 详见第六章国际多式联运。

② 中华人民共和国海商法（1992），第四章，第四款。

③ 中华人民共和国海商法（1992）。

1.5 运输操作管理

运输形式有五种，即公路运输、铁路运输、航空运输、水路运输和管道运输。由于管道运输的特殊性和局限性，本单元对此不做详细的讨论。在此单元中我们主要讨论前四种形式的运输。但是，无论哪种运输形式，大体上来说，其操作过程涉及三个环节，即接货、运送和交付。

1.5.1 接货

接货是货物实体由托运人转移到承运人手中的过程。在发生实体转移之后，货物在途管理责任也转移到承运人手中。在海洋运输过程中，如果签发了提单，即发生了物权的转移。因此在接货的时候，无论是托运人还是承运人都要关注以下几个方面的操作：

1. 包装

我国国家标准《物流术语》中包装的定义是：“为在流通过程中保护商品，改变储运、促进销售，按一定技术方法而采用的容器、材料及辅助物的总体名称。也指为了达到上述目的而采用容器、材料及辅助物的过程中施加一定技术方法等的操作活动。”包装的目的之一是便于储运，包装分为外包装、内包装和单个包装。

外包装是基于物品运输目的，起到保护作用并且考虑运输搬运作业方便，一般将货物置入箱、袋中。根据需要，外包装对货物起到缓冲防震的作用，海运外包装上应该有相应的标识说明。

内包装可以保证商品在运输等过程中不散包、不破损、不受潮、不污染、不变质、不变味、不变形、不腐蚀、不生锈、不生虫，保持商品的数量和质量不变。

单个包装除了具有大部分内包装的特点之外，其主要作用是作为一个品牌的外在表现，是企业希望自己的品牌带给消费者好的印象，是最直接、最有效的广告载体。

外包装和内包装的特点基本决定了使用何种运输工具来完成货物运输。

2. 验货

验货是指在装运之前，要对货物的数量和重量进行检验。这是货物从托运人转交给承运人时，必须要办理的手续，目的是分清责任。

3. 装货

装货指货物装上承运人运输工具的过程。无论何种运输形式，装货都要考虑货物在途的完整性和在运输工具上的加固，以防止货物由于运输途中的颠簸受损。

4. 单证

装货完成之后，托运人和承运人要办理相关货物交接手续，一般是由双方在运输单证上签字表明货物已经按照实际情况由托运人在约定的时间和地点转移到承运人手中。[①]

1.5.2 运送

运送是指承运人接货之后，货物的在途过程。运输途中货物的安全、完好均由承运人负责，但发生不可抗力的情况时除外。这些情况一般在货物发生实体转移之前由委托人和承运人在运输合同上作出约定。

有条件的时候，或者双方在接货之前已有约定，承运人可以向托运人提供货物的在途信息。这些信息可以由 GPS、GIS、电话、网络等方式实时地提供给托运人，以便托运人了解货物在途情况。

1.5.3 交付

交付是指承运人按照货运单证上的要求，按时、完好地在约定的目的地把承运的货物交给收货人，程序简述如下：

1. 通知

承运人要在货物抵达最终目的地之前，或者按照运输合同规定的时间，通知收货人做好收货准备。

2. 交接

交接是指承运人将承运的货物在双方约定的目的地和时间交与收货人。

3. 验收

收货人按照运输单证来验收货物。如果验收无误，收货人将签妥的收货凭证交与承运

① 单证流转见单元7内容。

人。如果是运费到付的，还要将运费交与承运人。

1.6 小结

本节主要从物流的角度讨论运输实务的概念，介绍了货物运输有关的运输方式，公路、铁路、航空和水运的运输设施和工具，还讨论了涉及运输的当事人，主要的当事人有托运人、承运人、货运代理和收货人，以及这些当事人在运输作业过程中的角色和运输运作流程。除此之外，还简单介绍了主要运输操作过程，如收货、运送和接货三个环节的内容。

1.7 思考题

1. 什么是货物运输？
2. 货物运输有哪些形式？
3. 包装与货物运输有什么关系？
4. 集装箱有什么类型？
5. 运输实务涉及哪些当事人？他们在运输实务中各自扮演了什么角色？
6. 简述货物运输实务的三个主要运输操作过程。

单元 2　公路货物运输

学习目标

通过本单元的学习，你应能够：

1. 了解公路货物运输的特点及运营方式
2. 了解公路货物运输市场和货运电子交易
3. 熟悉公路货物运输的发运过程及成本
4. 掌握托运人委托公路货物运输的方法
5. 掌握公路货物运输的委托流程

2.1 公路货物运输的概念

公路货物运输是主要使用汽车，包括其他车辆（如人力车、畜力车）在公路上进行货物运输的一种方式。公路货物运输以汽车为主要运输工具，具有机动灵活、迅速方便的特征。汽车可以深入到厂矿、铁路车站、农村、码头、山区等各点，加之我国高速公路和其他等级的公路网发达，纵横交错、布局紧密，因而公路货物运输既是联系点与点之间的主要运输方式，也是联系点与面、面与面之间的运输方式。由于公路货物运输的灵活性，近年来，即使在有铁路、水路的地区，长途的大批量货物的运输也开始使用公路运输。

2.2 公路货物运输的特点

1. 机动灵活，适应性强

由于公路货物运输网一般比铁路、水路网的密度要大十几倍，分布面也广，因此公路货物运输车辆几乎可以无处不到。公路货物运输时间灵活性比较大，车辆可随时调度、装运，并且各环节衔接时间较短。公路运输对货运量的多少具有很强的适应性。汽车的载重吨位可以从 0.25 ~ 300 吨，特种车辆的承载能力还要高。运输作业中，既可以由单个车辆运输，也可以由若干车辆组成车队同时运输。这一点对抢险、救灾工作和军事运输具有特别重要的意义。

2. 可实现“门到门”直达货物运输

由于汽车体积较小，除了可沿公路网运行外，还可离开公路网深入到厂矿、田间、城市居民区等地，把货物从始发地门口直接运送到目的地门口，实现“门到门”直达运输。这是其他运输方式无法与公路货物运输相比拟的特点之一。

3. 在中、短途运输中，运送速度较快

由于公路货物运输可以实现“门到门”直达运输，中途不需要倒运、中转就可以直接将货物运达目的地。因此，与其他运输方式相比，在中、短途运输中货物在途时间相对较短，运送速度相对较快。

4. 原始投资少，资金周转快

公路货物运输与铁路、水路、航空运输方式相比，所需固定设施简单，车辆购置费用比较低。因此，投资兴办容易，回收期短。

5. 车辆驾驶技术容易掌握

与火车司机或飞机驾驶员的培训要求相比较，汽车驾驶技术掌握起来容易得多，对驾驶员的各方面素质要求相对较低。

6. 载运量较小，运输成本较高

目前，世界上最大的汽车是美国通用汽车公司生产的矿用自卸车，长20多米，自重610吨，载重350吨左右，但仍比火车、轮船的载运量小得多；由于汽车载运量小，行驶阻力比铁路大9~14倍，所消耗的燃料是价格较高的液体汽油或柴油。因此，除了航空运输之外，汽车运输成本比其他运输方式的成本都要高。随着高速公路的大量出现，在许多经济发达国家，集装箱直达运输的推广及汽车大型化的发展，公路货物运输在载运量、运输成本等方面的缺点正逐步得到解决。一些国家的公路货物运输已逐步取代铁路货物运输的地位，成为货物运输的重要方式。

7. 运行持续性较差

据有关统计资料表明，在各种现代运输方式中，公路的平均运距是最短的，运行持续性较差。

8. 安全性较低，污染环境严重

自汽车诞生以来，每年死于汽车交通事故的人数急剧增加。汽车所排出的尾气和引起的噪声也严重地威胁着人类的健康，是大城市最大污染源之一。

2.3 公路货运代理的经营方式

公路运输公司的经营在配套教材《物流企业运行管理》中已有讨论，本单元侧重对公路货代企业的经营实务进行讨论。公路货运代理在各地的称谓不同，有配货站、货运站、信息部、物流中心、信息中心等不同名称。

公路货运代理基本上是以公路配货形式从事货运代理业务。目前我国公路货运代理市场很大，呈现出完全竞争的市场特点，出入此类市场的门槛很低，长期处于初级代理运作阶段，散布于我国各类城乡结合部，经营规模比较小，流动性很强，且组织形态比较松散，总体数量可观。

公路货运代理企业之间具有互相委托的机能，如省、地、县之间货物的转运。我国的部分整车货物和大部分公路零担货物都是经过货运代理企业之间的互相委托交给个体承运人来完成的，基本可以满足“门到门”的运输需要。

公路货运代理的揽货方式主要有托运人上门委托、他人介绍或自行寻找潜在的托运人这几种方式。我国公路货运代理一般规模较小，大多能够为客户提供不定期、不定量、不定品种、不定路线的初级公路货物运输代理服务。

公路货运代理的服务方式大体上有以下两种：

（1）非专线服务；

（2）专线服务。

2.3.1 非专线服务

非专线服务公路货运代理通常从托运人处承揽发往各地的货源，同时寻找相关车源。即通常所说的“一手揽货，一手找车”。他们的主要服务是对托运人和承运人的业务进行撮合，当然也接受零担和整车的货运委托。一旦车货齐备，通常由托运人与卡车司机发生直接的委托业务联系，公路货运代理则向卡车司机收取佣金（很多地方也称“信息费”），或者直接将此货源转卖给经营专线的公路货运代理。在其将货源卖给经营专线的公路货运代理时，他们基本上不与卡车司机（承运人）发生业务关系，而是从经营专线的公路货运代理企业那里得到佣金。

2.3.2 专线服务

专线服务公路货运代理提供固定的公路专线运输服务。一般拥有固定的路线、自有或挂靠的车辆，需要进行运输作业管理。挂靠的司机大部分是拥有一部或者几部车的车主。

除了自行揽货承运外，专线服务货运代理也接受非专线服务货运代理的运输委托，或接受零担和整车的货运委托，以获取运费差价为赢利手段。经营专线的公路货运代理对于非自己专线的货源可能不会接受委托，但有时也会将相关业务有偿让与他人。与非专线货运代理不同的是专线货运代理有一定的核心竞争力。

对于自己专线的延长线运输，专线服务货运代理会将到达自己目的地的货物再委托给当地的公路货运代理，由其继续承运至该票货物的最终目的地。各地货运代理的合作由经营业务需要决定，只是在需要彼此委托的时候才会合作。

2.4 公路货物的发运

2.4.1 公路货物的类型

公路货物主要包括五种类型：

（1）普通货；

（2）特种货：长大笨重货、冷冻货、危险品和鲜活品。

普通货物占公路运输货物中的大多数，对车型要求不高，是经营者竞争的主要货源。特种货对车辆的要求特殊，承运人的初始资本投资往往比较高，并需要一些专门的运输服务技能。因此，市场上特种车辆服务的供应较少，运价也偏高。

2.4.2 公路货运的发运方式

公路货运的发运方式有三种。

1. 零担发运（Less－Than－Carload Freight）

在运输过程中需要经过分拣、拼装作业才能完成货物送达收货人的运输组织方式是零担发运。零担发运适用于两种情况：一是运送的货物批量小，直达运输不经济；二是限于道路通行条件（包括交通管制）等原因，为了达到快捷、经济运送的目的。

目前，我国以高速公路为依托的运输网络已经形成，经济运距及运送能力均大大提高。货运交易市场的发展，使得零担货物可以由社会车辆通过配载的形式集中起来，拼装成整车发运，既经济又及时。公路零担运输吸引了大量的公路运输货源。

2. 整车发运（Carload Freight）

在接货承运直到送达收货人的整个运送过程中，货物不需经过分拣、拼装的运输组织方式是整车发运。同零担发运的运行模式相比，整车运输省却或简化了货场的装卸分拣作业，货物由托运人起运，可直接快速交到收货人手中。

3. 甩挂运输（Drop and Pull Transport）

甩挂运输是带有动力的机动车将随车拖带的承载装置，包括半挂车、全挂车甚至货车底盘上的货箱甩留在目的地后，再拖带其他装满货物的装置返回原地，或者驶向新的地点。这种一辆带有动力的主车，分别拖带两个或两个以上承载装置的运输方式被称为甩挂运输。

甩挂运输早已成为欧美和日本等发达国家和地区的主流运输方式。它是世界公认、广泛采用的先进运输组织方式，是提高运输和物流效率的有效手段，对节能减排、建设资源节约型、环境友好型社会意义重大。

甩挂运输在我国沿海港口城市和部分内地城市已经使用，特别是在集装箱运输方面。牵引车的运输作业与集装箱挂车的卸货作业同时进行，有利于提高运输能力，降低成本，提高效率，是一种低碳环保的运输方式。同时，集装箱运输还具有安全性高、周转快，国际标准统一、全球编号规范一致、海铁陆空多式联运等优点。

中国现有载货汽车保有量为920万辆，如果全面实行甩挂运输，企业可减少50%以上的牵引车购置成本或租赁费用。我国的“十二五”规划中也特别提到要大力发展我国的甩挂运输。

2.4.3 公路货运装载要点①

（1）装载的物品不得遗洒、飘散。

（2）货物重量不超过车辆核定的装载重量。

（3）货物的长度和宽度不可以超出车厢。

（4）货物高度规定分两种情况：重型、中型货车和半挂车载物，从地面起不超过4米，载运集装箱的车辆不超过4.2米；除第一种情况以外的其他货车载物，从地面起不超

① 参考中华人民共和国交通部令〔1999年第5号〕。

过2.5米。

（5）载货汽车车厢不得载客。在城市道路上，货运机动车在留有安全位置的情况下，车厢内可以附载临时作业人员1～5人；载物高度超过车厢栏板时，货物上不得载人。

（6）国家相关部门的其他规定。

2.4.4 运费计算原则

对于公路货运来说，积载因数达到每吨不大于3立方米的货物称为重货，按照实际重量计算运费，如钢板、打成包的棉花等货物；积载因数达到每吨不小于3立方米的货物则称为轻货（也称作“泡货”、“抛货”或者“轻泡货”，下同），如家电、某些塑料制品等，按照计费重量（计费吨W/M）计算运费。

［例一］　货物实际重量为200千克

货物体积：45厘米×50厘米×150厘米÷3000＝112.5立方厘米

按照实际重量200千克计算运费。

［例二］　货物实际重量为300千克

货物体积：180厘米×80厘米×140厘米÷3000＝672立方厘米

按照计算结果672千克计算运费。

通常按照计算运费中结果大者计费，也称为“运费吨”，即实行“择大计收”的计费原则。

2.4.5 公路货运的运价

传统公路货物运输的运费费率以吨/公里计，加上承运人的其他费用，形成运价。这种方法适合传统运输公司的财务记账。如果按月初财务报表的话，成本是整个车队的月固定成本、月变动成本和月其他成本之和。如此，则每次运输作业运价的构成就很难表示。有时，承运人仅仅按照经验估计出来的成本报出运价，虽然差别可能不是很大，但每次运输的实际成本都要在运输服务发生后才能计算出来。这种计算方法难以满足人们对精确计算物流成本的要求。

国内目前通用的方法是以某段距离的吨价作为费率计算。比如，从北京到西安距离

1200千米，车辆满载，行程需要一天的时间，那么这一次作业的成本构成大致如下表所示。

作业成本构成表

1200千米	1天
油　耗	司乘人员工资和补贴
路桥费	车辆的折旧
轮胎磨损	保险费
车辆维护	管理费
其　他	其　他

除了以上各项成本，还有企业在此次作业中的利润、税金和不可预见费等，将这些费用的总和除以满载吨数，就构成北京到西安的吨价。这样的运价对于托运人和货运代理来说不仅方便计算，且相关当事人对运价也能一目了然，对每次作业的成本做到胸中有数。

由于考虑了涉及每次运输作业的诸多作业成本细项，当事人计算每次运输的物流成本比以往要精确。这种方法和20世纪杰出的美国会计大师埃里克·科勒（Eric Kohler）教授的作业成本分析法（Activity Based Costing，ABC法）的使用有异曲同工之处。[①]

2.5　货运市场与电子交易

2.5.1　货运市场

目前，我国各省市周边地区的货运市场已经具备一定规模，公路运输货物基本可以在这样的市场上完成运输交易。有的省市将这些货运市场称作物流中心。在货运市场上承运人、货运代理和发货人与收货人可以直接交易。

这类市场发展的初期往往由货运相关的当事人自发形成。由于存在大量的供给与需求，这类市场不断成长，于是政府跟进并给予规范管理和服务支持。在这类市场上，公路货运代理可以租用办公室或者仓库从事代理业务；卡车司机可以将送达的货物卸下，并通过公路货运代理承揽其他货源；收、发货人可以在市场上寻找合适的代理进行货物运输的

① 相关的计算方法参考配套教材《物流企业运行管理》单元7。

委托和接收，或者直接与司机交易，比较先进的市场还设有大屏幕来发布信息，以便当事人直接进行运输交易①。

2.5.2 货运电子交易

货运电子交易指的是当事人在一个虚拟的信息化、网络化物流信息平台上进行货运交易的方式。货运电子交易要求申请人注册为会员。然后，需方可以将其需求信息发布在网上，或显示在货运市场内的大屏幕上。需要运力的委托人或者货运代理可将相关货物情况，如货物名称、包装、数量、起运地和目的地、运输时间、运价等信息予以发布；承运人或者货运代理可以将其运力情况，如车型、载货量、时间、运价等信息予以发布。交易各方都可以在这个平台上寻找所需要的信息，然后进行沟通，直至达成货运交易。其他相关服务，如仓储、停车、零担托运、货物配载、装卸服务、汽修汽配、餐饮住宿等也可以同时在网上发布，以利需求方选择。货运电子交易最大的优势就是交易信息集中，方便交易和竞争，利于整合市场，可降低车辆空驶率，当事人可以远程操作，运费的透明度高，成交速度快，有利于提高货运服务质量。

目前，货运电子交易方式在我国还处于起步阶段，在上海、北京、天津、广东、山东、杭州等地区都能获得类似的服务，但是真正做到供需双方能在一个虚拟的平台上进行货运电子交易的网站或物流园区并不是很多。货运电子交易无疑将成为货运市场的发展方向。

2.6 公路超限运输②

公路大件运输是指公路运输中对庞大、沉重而又不可分割的整体货物的运输。大件在体积和重量上超过了普通载货汽车容许的装载容积和重量，并超过了公路限行和桥涵通过能力的规定限界，运输时需要采取一定的工程技术和运输组织措施。

2.6.1 对超限运输车辆行驶的规定③

有下列情形之一的运输车辆在公路上行驶，均为超限运输：

① 如何进行运输委托，详见7.4.1一节内容。
② 有关图片见《物流企业运行管理》第3单元物流服务提供，3.3综合服务，3.6.3内容。
③ 中华人民共和国交通部令（2000年第2号），《超限运输车辆行驶公路管理规定》，自2000年4月1日起施行。

（1）车货总高度从地面算起4米以上（集装箱车货总高度从地面算起4.2米以上）。

（2）车货总长18米以上。

（3）车货总宽度2.5米以上。

（4）单车、半挂列车、全挂列车车货总质量40000千克以上；集装箱半挂列车车货总质量46000千克以上。

（5）车辆轴载质量在下列规定值以上：

①单轴（每侧单轮胎）载质量6000千克；

②单轴（每侧双轮胎）载质量10000千克；

③双联轴（每侧单轮胎）载质量10000千克；

④双联轴（每侧各一单轮胎、双轮胎）载质量14000千克；

⑤双联轴（每侧双轮胎）载质量18000千克；

⑥三联轴（每侧单轮胎）载质量12000千克；

⑦三联轴（每侧双轮胎）载质量22000千克。

2.6.2 如何获得超限运输许可

（1）跨省（自治区、直辖市）行政区域进行超限运输的，要向途经公路沿线省级公路管理机构分别申请，必要时可转报国务院交通主管部门统一进行协调；

（2）跨地（市）行政区域进行超限运输的，向省级公路管理机构申请；

（3）在本地（市）行政区域内进行超限运输的，向地（市）级公路管理机构申请。

2.6.3 承运人需要提交的相关证件

（1）书面申请；

（2）货物名称、重量、外廓尺寸及必要的总体轮廓图；

（3）运输车辆的厂牌型号、自载质量、轴载质量、轴距、轮数、轮胎单位压力、载货时总的外廓尺寸等有关资料；

（4）货物运输的起讫点、拟经过的路线和运输时间；

（5）车辆行驶证。

2.6.4 对超限运输的限制

（1）超限运输车辆未经公路管理机构批准，不得在公路上行驶；

（2）承运人必须持有效《通行证》，并悬挂明显标志，按公路管理机构核定的时间、路线和时速行驶公路；

（3）超限运输车辆的型号及运载的物品必须与签发的《通行证》所要求的规格保持一致；

（4）超限运输车辆通过桥梁时，时速不得超过5千米，且应匀速居中行驶，严禁在桥上制动或变速；

（5）四级公路、等外公路和技术状况低于三类的桥梁，不得进行超限运输；

（6）公路管理机构将根据实际情况派员护送；

（7）在公路上进行超限运输的承运人，应当接受公路管理人员依法实施的监督检查，并为其提供方便；

（8）各省市对于管理中心运输的规定。

2.7 公路货物运输的委托流程

委托公路货物运输涉及多方面工作，下面选择主要的五个方面进行阐述。

2.7.1 托运人填写货物运单的方法①

一张运单托运的货物必须属于同一托运人，对拼装分卸的货物应将每一拼装或分卸情况在运单记事栏内注明。

（1）易腐、易碎、易溢漏的液体和危险品同普通货物以及性质相抵触、运输条件不同的货物，不得用同一张运单托运。

（2）一张托运单托运的件货，凡不具备同品名、同规格、同包装的，以及搬家货物，应提交物品清单。

① 我国各地的管理托运方法不尽相同，这里介绍的方法可作为实际工作的参考。

（3）托运集装箱，应注明箱号和铅封号；接运港、站的集装箱还要注明船名、航次或车站货、箱位，并提交装箱清单；集装箱运输的贵重、易碎、怕湿等货物，每张运单至少1箱。

（4）按体积折算重量的货物，要准确填写货物的数量、体积、折算标准、折算重量及其相关数据。

（5）托运人要求自理装卸车的，经承运人确认后，在运单内注明。

（6）托运人委托承运人代递有关证明文件、化验报告或单据等，须在托运人记事栏内注明名称和份数。

（7）托运有特殊要求的货物，在运单托运人记事栏内注明洽定的运输条件和特约事项。

（8）托运人必须准确填写运单的各项内容，字迹要清楚，对所填写的内容及所提供的有关证明文件的真实性负责，并须签字盖章；托运人或承运人改动运单时，亦须签字盖章。

2.7.2 货物运输变更、取消的手续

根据《汽车货物运输规则》和《公路货物运输合同实施细则》的规定，运输变更、取消的办理，应遵循下述规则：

（1）承运人在货物起运前可要求变更运输货物的名称、数量、起讫地点、运输时间、收发货人；货物起运后仅在可能条件下要求变更到达地或收货人；承运人可要求变更运输日期、车辆种类和行车路线。

（2）货物起运前，可办理取消托运业务；货物起运后，则不能办理取消托运业务。

（3）承托双方的任何一方都不得擅自变更、取消运输，如确有特殊原因需变更、取消运输，须经双方同意变更。取消运输的要求应以书面形式（包括公函、电报、变更计划表等）提出或答复；托运人电话申请变更，需详细说明运单编号和变更事项，双方复述无误，做好电话记录，事后补变更手续。

（4）运输变更、取消涉及国家指令性计划的，在达成变更、取消的协议前，应上报下达计划的主管部门核准。

（5）因变更、取消运输而发生的费用，分别由变更方、取消方负担；如变更运输的要

求是在合同规定期限外提出，还须负担双方已造成的实际损失。

2.7.3 货物交接手续

承托双方对包装货物应核对交件：对散装货物原则上要磅交磅收；对“门到门”重箱、集装箱及其他施封的货物要凭铅封交接。

（1）托运人应凭约定的装卸手续发货；装货时，双方应在现场核对货物品名、规格、数量是否与运单相符，查看包装是否符合规定标准或要求。承运人确认无误后，应在托运人发货单上签字；发现不符合规定或危及安全运输的情况不得起运；由于包装轻度破损，短时间修复换调有困难，托运人坚持装车起运的，经双方同意，并做好记录和签名盖章后，方可装运，其后果由托运人负责。

（2）货物运达指定地点后，收货人和承运人应在现场交接，收货人查验无误后应在承运人所持的运费结算凭证上签字；如发现货损货差，双方交接人员做好记录并签字确认，经双方共同查明情况、分清责任，由收货人在运费凭证上批注清楚；收货人不得因货损、货差拒绝收货。

（3）货物交接时，承托双方对货物重量和内容如有疑义，均可提出查验和复磅。如有不符，按有关规定处理；查验、复磅所发生的费用，由责任方负担。

（4）承运人对自领货通知次日起超过30天无人领取的货物，按以下规定处理：①建立台账，及时登记，妥善保管，在保管期间不得动用，并认真查找物主；②经多方查询，超过一个月仍无人领取的货物，按国家经贸委《关于港口、车站无法交付货物的处理办法》办理；鲜活和不易保管的货物，经企业主管部门批准可不受时间限制。

2.7.4 事故赔偿手续

根据《汽车货物运输规则》和《公路货物运输合同实施细则》的规定，货运事故的赔偿应按下述规则办理：

（1）受损方要求赔偿时，应提出要求赔偿书，并附货物运单、货物事故记录和有关证明文件，保价运输物品还应该附声明价格的物品清单，要求退还运费的还应附运杂费收据。

（2）货物损失赔偿费包括货物价格、运费和其他杂费，全部灭失（含报废，下同）

全部赔偿；部分灭失部分赔偿；能够修复的按修理费加送维修费赔偿；不能修复但尚能使用的按损失程度所减少的价值赔偿。由于承运人责任造成货物灭失，以实物赔偿的，运费照收；按价赔偿的，退还已收运费。属托运人责任的，运费不退；尚能使用的，不论哪方责任，运费照收。

（3）承运人委托第三者组织装卸，因装卸原因造成货物损失，由装卸人负责赔偿；但承运人应先向托运人赔偿，再向装卸人追索。

（4）承托双方彼此间要求赔偿的时效，从签注货运事故记录次日起不超过180天，逾期无效；责任方应在收到要求赔偿书的次日起60天内处理完毕，特殊情况经双方协商可适当延长。

（5）赔偿金在明确责任后10天内赔付，不得用扣留货物或拒付运费来充抵。

（6）丢失货物赔偿后货物又被查回，应送还原主，收回赔偿金或实物；原主已不愿接受失物或无法找到原主的，由承运人自行处理。

（7）承托双方对货物逾期到达、车辆延滞、装货落空都有责任时，按各自责任所造成的损失相互抵除后，赔付差额。

2.7.5 公路货运委托流程和作业内容

公路货运委托流程如下图所示。

（1）一般由托运人询价，公路货运代理会根据自己预测的市场价格报价。

（2）对于整车货，双方要签订运输合同。对于发货人送来的整车货，货运代理安排装车，也可以指示司机直接去发货人指定地点装车，距离远一些的要加收一部分费用。

（3）如果是零担，由托运人填写《汽车零担货物运输运单》，公路货运代理会安排上门提货，或者由托运人将货送至公路货运代理指定地点交货。托运普通零担货物中不得夹带危险、禁运、限运和贵重物品。零担货物的包装必须符合国家和交通运输部门的规定和要求，对不符合包装标准和要求的货物，应由托运人改善包装，对不会造成运输设备及其他货物污染和货损的货物，如托运人坚持原包装，托运人要在“特约事项”栏内注明自行承担由此可能造成的货损，并经承运人同意后，承托双方签章生效。货运代理负责所接受零担货物的暂存，当货物量达到整车，即安排发货；一旦不能满足整车货量，货运代理会把相同目的地的货集中起来运输，所以公路零担的运输发车时间可能不准。

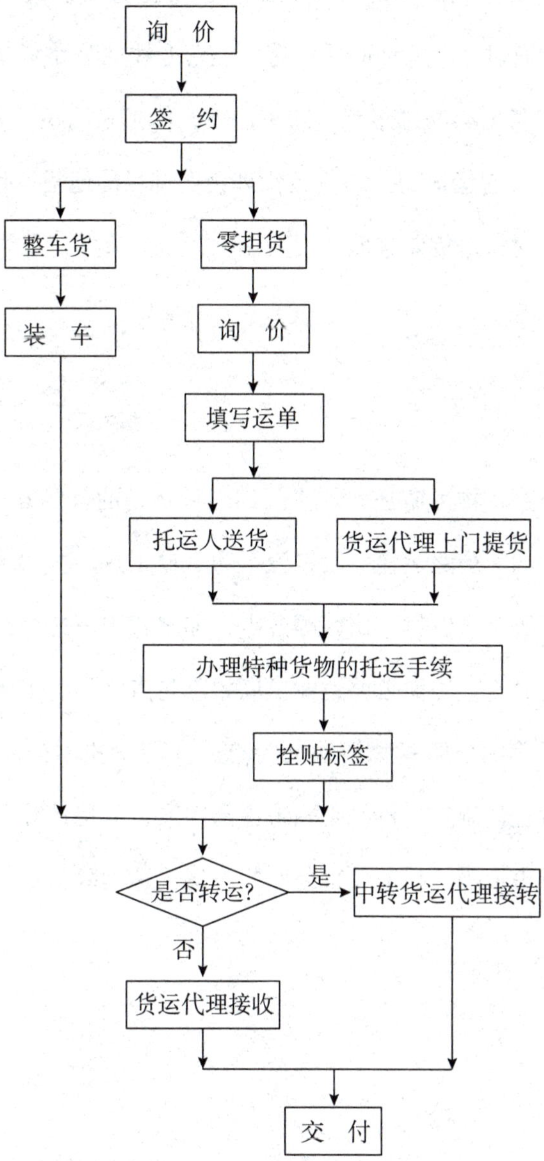

公路货运委托流程图

（4）托运危险物品时，其包装应严格遵守交通部颁发的《公路危险货物运输规则》；按承托双方协议办理运输易污染、易破损、易腐烂和鲜活物品，其包装必须严格遵守双方协议的规定。

（5）托运政府法令禁运、限运以及需要办理公安、卫生检疫或其他准运的零担货物，托运人应同时提交有关证明文件。

（6）托运时，托运人应在每件货物两端分别拴贴统一规定注有运输号码的货物标签。需要装卸、堆码、储存的货物，应在货物明显处加贴储运指示标志，并在运单“特约事项栏”内注明。

(7) 途中的转运是由不同的货运代理之间相互委托完成的；一般不提供中途跟踪服务，即便有，通常也是通过移动电话联系；有些经营专线的公路货运代理或者运输公司会安装 GPS 系统；有的发货人会安排跟车人随车监控，但是采用跟车人的做法并不常见。

(8) 抵达目的地后，起运地的公路货运代理会安排目的地货运代理接货，然后通知收货人取货，或者安排送货，送货要收取送货费用。

2.8 小结

在货运过程中，公路货物运输是完成“门到门”运输的首要方式。我国大量国内货物都是通过公路运输完成的。公路运输一般以汽车为运输工具，机动灵活，迅速方便，能深入到厂矿、铁路车站、码头、农村、山区等各点，加之我国高速公路和其他等级的公路网发达，纵横交错、布局紧密，因而公路运输是联系点与点之间的主要运输方式。

本单元重点讨论了我国公路货物运输的特点，介绍了我国公路货运当事人的经营方式，公路货运的发运过程，制定运价时必须考虑的因素，运费计算原则以及托运人办理公路货物运输手续的注意事项等，从而使得公路货物运输达到降低成本、规避风险、提高效率的目的。

2.9 思考题

1. 为什么托运人在委托国内运输时，往往将公路货物运输作为首选方式？
2. 国内公路货物运输代理提供的专线和非专线运输服务有何不同？
3. 简述货运电子交易。
4. 主要经过公路发运的货物有哪些？
5. 我国对于货运汽车装载有什么规定？
6. 公路运费是怎么构成的？
7. 使用作业成本分析法计算运费时，需要考虑哪些具体支出项目？
8. 设计一票货物的公路货物运输过程。

单元1
货物运输概述

单元2
公路货物运输

单元3
铁路货物运输

单元4
航空货物运输

单元5
水路货物运输

单元6
多式联运

单元7
货物运输单证和风险管理

单元 3　铁路货物运输

学习目标

通过本单元的学习，你应能够：

1. 了解铁路货物运输的概念及其特性
2. 掌握铁路货物发运形式
3. 了解铁路货运代理的经营方式
4. 掌握铁路货物托运操作流程
5. 了解铁路货物运输的费用构成
6. 了解《国际贸易术语解释通则 2000》中相关条款与铁路货物运输的关系

3.1 铁路货物运输的概念

铁路货物运输是使用铁路列车运送货物的一种运输方式，主要承担长距离、大宗货物运输。在没有水运条件的地区，几乎所有大批量货物都是依靠铁路或者公路来进行运送的。铁路货物运输在干线运输中是主力运输形式。

3.2 铁路货物运输的特性

3.2.1 铁路货物运输的优点

（1）安全；

（2）不受天气的影响；

（3）中长距离运费低廉；

（4）运输批量大；

（5）节能。

3.2.2 铁路货物运输的局限

（1）不适于短距离货运；

（2）货车中途作业需要时间；

（3）运费没有弹性；

（4）不能实现“门到门”运输；

（5）车站固定，无法随处停车；

（6）货物滞留时间长。

3.2.3 铁路货物运输的技术经济特点

（1）速度快，300 千米/小时（优势距离由 100～300 千米扩大到 200～800 千米）。

（2）运能大，列车间隔缩小到 3 分钟，20 列/小时，理论上每小时输送 5 万人左右。而四车道高速公路输送人数为 9600 人/小时，两跑道机场输送人数为 12000 人/小时，远低于铁路。

（3）安全性高，控制设备先进，几乎不发生安全事故。

（4）能耗少，高速铁路约是小汽车和飞机每人千米能耗的 1/5。

（5）占地少，双线高速铁路路基顶宽 9.6～14 米，70 亩/千米，4 车道高速公路路基顶宽 26 米，105 亩/千米。

（6）信息系统完善，有自己的系统。

（7）环境污染小。

（8）舒适度高。

（9）效益好，经济、社会效益突出。

（10）其他。

3.3 铁路货物发运形式

3.3.1 铁路货物发运形式

1. 整车运输

一批货物的重量、体积或形状需要以一辆 30 吨及以上货车装运的，应按整车运输办理。需要保温运输的货物、密封、不易计算件数的货物、规定限按整车办理的危险货物、易于污染其他货物的污秽品、未装容器的活动物、必须用罐车装运的液体货物都必须按整车办理。

2. 零担运输

一批货物的重量、体积不够整车运输条件的，或不必按整车办理的货物，可按零担运输办理。按零担运输办理的货物，一件货物的体积最小不得小于 0.02 立方米，重量在 10 千克以下，且每批货物不得超过 300 件。一件货物重量超过 2 吨，体积超过 3 立方米或长度超过 9 米的货物，经发站确认不影响中转站或到站装卸作业的，也可按零担办理。未装容器的活动物，在管界内运输时，如能以零担车直接运到站，铁路局也可规定按零担办理。

为了加速零担货物的运送，需合理使用车辆。根据零担货物的流向流量、运距长短、集结时间和车站作业能力等因素，组织零担货物的运输方式可以分为沿途零担车（简称沿零车）和整装零担车（简称整零车）两类。沿零车主要装运其挂运区段内各站到发的货物。整零车又分为两类：

（1）直达整零车：所装货物全部直接到达货物的到站，包括一站直达整零车和同一最短路径上两个或三个到站的直达整零车。

（2）中转整零车：装有需经中转站中转的货物，包括一站中转整零车和同一最短路径上两个或三个到站的中转整零车。

近几年铁路集装箱运输、五定班列、铁路行包快运和特快行邮专列等飞速发展。传统的零担货物运输，如在指定区段内运行，装运该区段内各站发到的零担货物的沿零车服务从 20 世纪 80 年代就逐步停运了。

3. 集装箱运输

符合集装箱运输条件的，可以按集装箱运输办理，使用铁路部门或自备集装箱装运。除危险货物、鲜活货物和易损坏、易污染集装箱箱体的货物以外的货物，均可使用通用集装箱运输。

使用集装箱的货物每批必须使用同一吨位的集装箱，至少一箱，最多不能超过铁路一辆货车所能装运的箱数。

按一批托运的货物，托运人、收货人、发站、到站和装卸地点必须相同（整车分卸货物除外）。整车货物每车为一批；跨装、爬装及使用游车的货物，每一车组为一批。零担货物或使用集装箱运输的货物，以每张货物运单为一批。

下列货物不得按一批托运：

（1）易腐货物与非易腐货物；

（2）危险货物与非危险货物（另有规定者除外）；

（3）根据货物的性质不能混装运输的货物；

（4）按保价运输的货物与不按保价运输的货物；

（5）投保运输险货物与未投保运输险货物；

（6）运输条件不同的货物。

在特殊情况下，上述货物经铁路局承认也可按一批托运。

4. 驮背运输

驮背运输是一种公路和铁路联合的运输方式，货运汽车或集装箱直接开上火车车板，到达目的地再从车板上开下。该运输方式运用于铁路货物运输领域，在北美和欧洲已经十分普遍。[①]

5. “五定”班列

（1）定点（装车站和卸车站固定）；

（2）定线（运行线路固定）；

（3）定车次（班列车次固定）；

（4）定时间（货物发到时间固定）；

（5）定价（全程运输价格固定）。

铁路货物运输的“五定”班列适用于整车和集装箱货物。

6. 铁路快件运输

铁路快件托运的限定条件：一批货物的重量、体积或形态不够整车运输条件的货物，应按零担托运，对时间要求高的，按快件托运。如图 3－1 所示。具体规定如下：

（1）一件货物的体积不得小于 0.02 立方米，重量在 10 千克以下；

（2）每批不能超过 300 件；

（3）经发站确认不影响中转站和到站装卸作业的，每件重量超过 2 吨，体积超过 3 立方米，长度超过 9 米的货物；

（4）经路局确定在管区办理的，未装容器的活动物；

（5）限按整车班列的危险货物，经路局承认或使用爆炸品保险箱包装的也可按零担办理。

① 详见 6.4.4 节内容。

图3－1 铁路快件运输操作现场

3.3.2 铁路运输货物的类型

铁路运输的货物，按货物的性质可分为普通货物和特殊条件货物。

1. 普通货物

普通货物是指在运输过程中，按一般运送条件办理的货物，如煤、矿石、粮食、棉布等。

2. 特殊条件货物

由于货物本身的性质，在运输过程中，需要采取特殊的运送措施才能保证货物完整和行车安全的，称为特殊条件货物。按特殊条件货物的不同运送要求，又可分为：

（1）危险货物。易燃、易爆、有腐蚀性、有毒、有放射性及易分解放氧等的货物，在运输过程中可能引起人身伤亡或使货物发生损毁，均属危险货物。危险货物在运输过程中，要分别按照其特性在包装、标志、承运、装卸、编组、挂运、防护和管理等方面采取妥善的安全措施。

（2）鲜活货物。凡在运输、保管过程中，需要采取冷藏或加温、供应饲料、饮水等特殊措施，以防腐坏变质或死亡的货物，称为鲜活货物。保证鲜活货物运输质量的关键是根据鲜活货物的性质，认真执行其所要求的运送条件的规定。如图3－2所示。

（3）超限货物。一件货物装车后，在直线上停留时，货物的高度和宽度有任何部位超出机车车辆限界或特定区段装载限界的，或行经半径为300米的曲线时，货物任何部位的计算宽度超限时，称为超限货物。对超限货物，要在车辆选择、装载方案制定、装车和挂运等方面采取妥善措施，确保运输安全。如图3－2所示。

（4）超长货物。超限货物的一种形式。一件货物的长度超过所装普通平车的长度，需要使用游车或跨装而不超限的，称为超长货物。无论使用游车或跨装，均需保证货物装载或加固的安全技术条件。

（5）集重货物。一件货物的重量，大于所装普通平车的负重面长度最大容许载重量的，称为集重货物。对集重货物，应在确定装载方案时，避免车底架受力过于集中，造成其工作应力超过设计的容许限度。

图 3－2　铁路超限货物和鲜活货物运输

3.4　铁路货运代理

我国从 2001 年开始对铁路货物运输代理业务与运输主业实行了企业分设、人员分开、财务分账的“三分开”工作，逐步迈入规范发展的道路，但目前铁路货运代理尚未完全与铁路货物运输部门脱离。由于目前铁路货运代理对运输主业的依赖性和相对垄断的现实，铁路代理收费标准等并未实现市场化。

3.5　铁路货物托运

3.5.1　铁路进出口货物运输操作

1. 对铁路货运代理的选择

选择铁路货物运输代理与选择海运货运代理相似，需要重点关注以下几个方面：

（1）要选择那些信誉度及知名度较高的铁路货运代理公司。这些公司往往和铁路货物运输部门关系密切，而铁路货物运输部门也把这些货运代理作为自己的“拳头产品”；

（2）铁路货运代理公司的资质、批准证书、注册资金和规模是必备的硬性条件；

（3）索取货运公司的营业执照、税务登记证及其他相关的批准件的复印件，以确认该公司是否具有从事国内国际铁路货运代理的资质；

（4）亲自走访铁路货运代理公司，从规模、人员和办公设施等可以进行直观了解；

（5）了解该铁路货物运输代理的国内外网络，确认该公司网络是可靠的，否则当货物灭失，尤其是大宗商品的损失要求货运代理公司赔偿通常很困难。

2. 铁路进出口货物运输委托

铁路货物运输作业流程如图 3－3 所示。

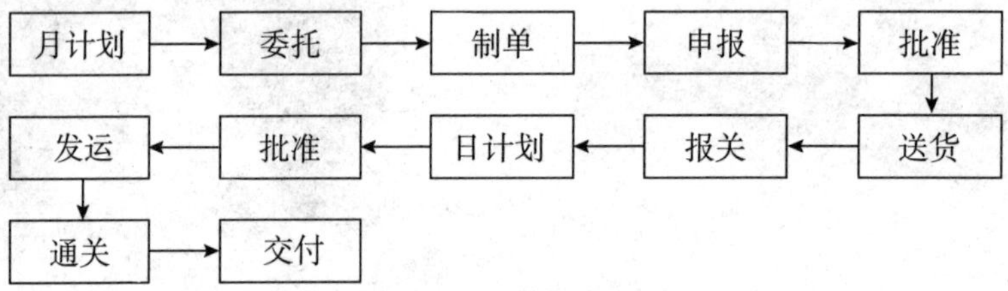

图 3－3　铁路货物运输作业流程

（1）提前报请铁路主管部门以便其制订月计划。

（2）委托：托运人把所需要的单证交给铁路货运代理。

（3）铁路货运代理每个月要对进出口的货物上报月车皮计划，即使用何种车皮，使用多少车皮等。铁路主管部门会根据情况进行批复。

（4）铁路货运代理缮制运单。

（5）铁路货运代理到铁路集装箱办理站营业窗口进行申报。

（6）铁路营业厅收回运单，审核通过。

（7）进货：托运人可以根据车站指定日期将货物送达铁路货场或者铁路集装箱站，也可以委托代理代办。集装箱货物装箱交付有两种方式：

①产地装箱：根据托运人要求，车站或者货运代理安排空箱到其指定地点装箱；

②箱站装箱：托运人将货物运进车站货场装箱，装箱后车站受理，并在货物运单上加盖承运日期戳，即为铁路承运的开始。

（8）铁路货运代理在铁路营业厅申请日车皮计划，经上报，批复。

（9）如批准上报，铁路站点可以在确定有可以使用的集装箱后，进行装箱，然后发运。

（10）（与国内运输无关）相关的边境口岸铁路代理负责接货，安排通关，接洽国外货运代理，安排出运。

（11）交付：集装箱运抵国内外的目的地后，收货人凭领货凭证或有效证明文件领取集装箱。收货人有两种方式提货：

①在车站货场掏箱，然后安排运输；

②将集装箱提走，到收货人指定地点进行掏箱作业。

（12）如果是自提重箱，掏箱完毕，收货人需将空箱送回铁路集装箱堆场。

3.5.2 国内铁路货物运输操作

国内铁路运输很多不用货运代理，发货人直接与铁路相关部门接洽。铁路货物运输流程由货物发送作业、货物运输途中作业和货物到达作业三部分构成。

1. 货物发送作业

货物发送作业又称货物在发货站的货运作业，包括托运人向作为承运人的发站申报运输要求，提交货物运单、进货、缴费，与发货站工作人员共同完成承运手续；发货站工作人员受理托运人的运输要求，审查货物运单，验收货物及其运输包装、收费，与托运人共同完成发运手续。

2. 货物运输途中作业

运输途中作业包括重车运行及途中货物常规交接与检查、特殊作业及异常情况的处理等。运输途中指途经区间和途经车站。

3. 货物到达作业

货物到达作业又称货物在到站的货运作业，包括收货人向作为承运人的到站查询、缴费、领货、接受货物运单，与到站共同完成交付手续；到站向收货人发出货物催领通知，接受到货查询、收费、交货、交单，与收货人共同完成交付手续。

3.6 铁路货物运输的费用

铁路货物运输费用根据《铁路货物运价规则》（以下简称《价规》）核收。铁路营业线的货物运输，除军事运输、水陆联运、国际铁路联运、过境运输及其他另有规定外，均按《价规》计算货物的运输费用。《价规》以外的货物运输费用，按铁道部的有关规定计算核收。

3.6.1 铁路普通货物运费计算

（1）按《货物运价里程表》计算出发站至到站的运价里程；

（2）根据货物运单上填写的货物名称查找《铁路货物运输品名分类与代码表》、《铁路货物运输品名检查表》，确定适用的运价号；

（3）整车、零担货物按货物适用的运价号，集装箱货物根据箱型、冷藏车货物根据车种分别在《铁路货物运价率表》中查出适用的运价率（即发到基价和运行基价）；

（4）货物适用的发到基价加上运行基价与货物的运价里程相乘之后，再与按《价规》确定的计费重量（集装箱为箱数）相乘，计算出运费；

（5）杂费按《价规》的规定计算。

3.6.2 铁路普通货物计费原则

整车货物的重量以吨为单位计价，不足1吨的四舍五入；零担货物以10千克为单位，不足10千克按照10千克计算；集装箱货物以箱为单位。

零担货物按货物重量或货物体积折合重量，择大计费，即每立方米重量不足300千克的轻浮货物，按每1立方米体积折合重量300千克计算，但下列货物除外：

（1）《价规》有规定计费重量的货物按规定计费重量计费；

（2）《铁路货物运输品名分类与代码表》所列货物，如煤：20911，焦炭：30031，钢材：31054，玻璃：38085等按货物重量计费。

运价里程根据《货物运价里程表》按照发站至到站间国家铁路正式营业线最短经路计算，但《货物运价里程表》内或铁道部规定有计费经路的，按规定的计费经路计算运价里程。运价里程不包括专用线、货物支线的里程。通过轮渡时，应将规定的轮渡里程加入运价里程内计算。水陆联运的货物，应将换装站至码头线的里程，加入运价里程内计算。

3.6.3 铁路集装箱运输计费原则

（1）按箱型分：1吨箱、5吨箱、6吨箱、10吨箱、20英尺箱、40英尺箱；20英尺以上（含20英尺）的称为大型集装箱；

（2）按箱主分：铁路集装箱、自备集装箱；

（3）按类型分：通用集装箱、专用集装箱；

集装箱以箱为单位，其运费按照使用的箱数和《铁路货物运价率表》中规定的集装箱运价率计算，但危险货物集装箱、罐式集装箱、其他铁路专用集装箱的运价率，按该表的规定分别加30%、30%、20%计算。

自备集装箱空箱运价率按其适用重箱运价率的50%计算。承运人利用自备集装箱回空捎运货物，在货物运单铁路记载事项栏内注明，免收回空运费。

3.6.4 铁路长大货物车（D型）装运计费原则

使用铁路长大货物车（D型）装运货物时，除核收运费外，还应核收以下费用：

（1）按确定的计费重量、运价里程，核收长大货物车使用费；

（2）按货车轴数，核收长大货物车回送费，托运人取消托运时，仍核收此项费用。

3.6.5 超限货物的运费计算规定

运输超限货物时，发站应将超限货物的等级在货物运单货物名称栏内注明，按下列规定计费：

（1）一级超限货物：按运价率加50%；

（2）二级超限货物：按运价率加100%；

（3）超级超限货物：按运价率加150%；

（4）需要限速运行（不包括仅通过桥梁、隧道、出入站线限速运行）的货物：按运价率加150%计费。

3.6.6 货物快运费的规定

货物快运费，按《货物运价率表》规定的该批货物运价率的30%计算核收。

3.6.7 专用线取送车费里程的计算

计算专用线取送车费的里程应自车站中心线起算，到交接地点或专用线最长线路终端止，里程往返合计、取车不另收费。

3.7 铁路货物运输计划的编制及执行

3.7.1 铁路货物运输计划的种类

铁路货物运输计划按其编制期限分为长远计划、年度计划和月度计划。

1. 长远计划

长远计划是较长时期的运量规划，通常为5年或10年，它根据国民经济发展的远景来核定。

2. 年度计划

年度计划直接反映计划年度国民经济计划中铁路应完成的运输任务，包括当年的货物发送量、货物流向、货物平均运程、货物周转量和货运密度等经济指标，作为列车编组计划、列车运行图和分配各铁路局货物运输任务的依据。

3. 月度计划

货物运输生产计划（月度计划）根据年度计划和托运人当时提出的具体运输要求编制，包括安排货源货流组织的铁路运输生产货运计划（简称货运计划）和安排货车等运输设备使用的铁路运输生产技术计划（简称技术计划）。

3.7.2 铁路货运计划的编制

1. 要车计划的提报

托运人可根据自己的运输要求，随时向铁路计算机联网点提报任何时限的要车申请。大宗稳定货源可根据生产情况提出均衡的运量安排。政令限制物资，可通过计算机软盘和网络传输方式提报。

2. 要车申请的受理

铁路各计算机联网点应随时受理托运人提出的要车申请，货运计划人员及时核实要车申请的填报内容及货源情况，并将其传输到铁路局数据库。

3. 各局货运任务和运输生产技术指标的下达

铁道部根据运输能力、同期实际和运输任务完成情况及各项客观因素，定时下达各局下一计划周期的货运任务和运输生产技术指标。

3.7.3 铁路货运计划的执行

1. 旬间装车计划

编制旬间装车计划的主要依据是批准的货运计划和日常计划，其内容有日历装车计划、货物品类、去向装车计划，通过指定限制口发往主要钢厂、港口、国境站和主要卸车站的旬间装车计划，直达列车和成组装车计划等，并于每旬前两天下达到车站，车站立即通知发货单位，以便托运人提出下旬日要车计划。

2. 日要车计划

日要车计划是在旬间装车计划的基础上，根据发货单位提出的货物运单，由车站用《货运工作日况报告表》汇总向铁路局提报的次日装车计划，经铁路局核实确认，于当日向车站下达次日请求装车命令（承认车），作为车站次日组织装车的依据。

3.7.4 变更运输计划

所谓变更运输计划，是指货运计划已经批准，但货主需要临时变更收货人、到站和货物品名。变更的新到站应和原到站顺路，不超出原到达局范围，不增加限制区段运量；变更的货物品名应是原单位经营的物资，并在同一品类范围内；发站原则上不得变更。发生计划变更时，托运单位要按规定提出《变更运输计划要求书》，运输计划只能变更一次，日常要车计划不办理变更。

3.8 《国际贸易术语解释通则2000》中与铁路货物运输相关的条款

国际贸易合同中使用FCA、CPT、CIP、DAF、DDU和DDP条款时，运输方式可以是铁路货物运输。其中，DAF仅适用于铁路运输，指当卖方在边境的指定地点和具体交货点，在毗邻国家海关边界前，将仍处于交货的运输工具上尚未卸下的货物交给买方处置，办妥货物出口清关手续但尚未办理进口清关手续时，即完成交货。“边境”一词可用于任何边境，包括出口国边境。

对于委托人、承运人和货运代理来说，要重点关注合同条款中的成本、风险和服务。

关于风险，我们将在单元7中讨论。

3.9 小结

我国的铁路货物运输主要承担长距离、大批量的货运，是干线运输中起主力运输作用的运输形式，是国家统一管理的国有企业，对国民经济建设起着无法替代的作用。

本单元讨论了铁路的各种运输方式，包括零担、整车、集装箱运输等。同时，还介绍了铁路货物运输的货物类型和货物运输流程；铁路货物运输费用的计算原则；铁路货物运输计划的编制及执行等。最后，介绍了《通则2000》中有关铁路货物运输条款。

3.10 思考题

1. 铁路货物运输的特点是什么？其优劣势在哪里？
2. 简述零担、整车和集装箱运输的内容。
3. 什么是铁路货物运输中的特殊货物？这些货物在运输中如何处理？
4. 铁路货运代理是如何经营的？
5. 作为托运人如何选择铁路货运代理？
6. 如何进行铁路货物运输委托？
7. 《通则2000》中哪些条款与铁路货物运输有关？请简述DAF条款中风险和成本的转移过程。
8. 现有一票从上海经阿拉山口出口的铁路货物，请指出安排铁路出运的注意事项。

单元1 货物运输概述 | 单元2 公路货物运输 | 单元3 铁路货物运输 | **单元4 航空货物运输**

单元5 水路货物运输 | 单元6 多式联运 | 单元7 货物运输单证和风险管理

单元4　航空货物运输

学习目标

通过本单元的学习，你应能够：

1. 了解航空货物运输的优势及局限性
2. 了解航空货运代理的作用
3. 掌握国内国际航空货物运输操作流程
4. 掌握航空货物重货和泡货的界定
5. 掌握航空货物运价的构成

4.1 航空货物运输的概念

航空货物运输是指利用民用航空器运送货物的一种运输方式。根据《中华人民共和国民用航空法》第九十一条规定，公共航空运输企业是指以赢利为目的，使用民用航空器运送旅客、行李、邮件或者货物的企业法人。

航空运输又分为国内航空运输和国际航空运输。国内航空运输是指根据当事人订立的航空运输合同，运输的出发地点、约定的经停地点和目的地均在国境内的航空运输；国际航空运输是指无论运输有无间断或者有无转运，运输的出发地点、约定的经停地点和目的地之一不在国境内的运输，国际航空运输要根据当事人订立的航空运输合同执行。

4.2 航空运输的优势及局限性

4.2.1 航空运输的优势

1. 运送速度快

目前飞机是最快捷的交通运输工具，常见的喷气式飞机的经济巡航速度大都在850～900千米/小时。由于大大缩短了运输时间，所以特别适用于运送易腐烂、易变质的鲜活货物，还适合运送季节性、时效性强的货物，如报刊、抢险、救急品等。许多贵重物品、精密仪器也常采用空运的方式运送。

2. 不受地面条件影响

航空运输可以利用天空这一自然通道，不受地理条件约束，对地面条件恶劣、交通不便的内陆地区非常合适，有利于当地资源的输出，促进当地经济发展。

3. 安全、准确

与其他运输方式相比，航空运输的安全性高，风险率约为1/3000000。航空公司的运输管理制度也比较完善，货物的破损率较低。如果采用空运集装箱方式运输，则更安全。

4. 节约保险、包装、利息等费用

由于货物在途时间短，周转速度快，企业库存可以相应减少。有利于提高资金周转率，还可以降低企业的仓储费用。航空运输的货物包装简单，有利于企业降低成本。

5. 经济效益高

修建机场比修建铁路、公路占用土地少，投资省。航空器不需要任何改装，即可迅速地转而为应急或者战争服务，是良好的军用和民用结合的交通工具。

4.2.2 航空运输的局限性

（1）航空运输费用高，不适合低价值货物的运输；

（2）载重量小、运输成本较高，目前尚不能完成大量的普通货物运输；

（3）噪声污染严重；

（4）飞机的舱容有限，对大件货物或者大批量货物有一定限制；

（5）恶劣天气会影响飞行安全。

4.3 航空运输管理部门

（1）中国民用航空局（Civil Aviation Administration of China）是中国航空运输的管理部门；

（2）国际民用航空组织（International Civil Aviation Organization，ICAO）是协调世界各国政府在民用航空领域内各种经济和法律事务、制定航空技术国际标准的重要组织。

4.4 航空货运代理的作用

采用航空运输方式进出口货物，需要办理一定的手续，如出口货物在始发机场交给航空公司之前的销售、订舱、接货、制单、报验、报关和交运等，进口货物在目的地机场从航空公司接货、接单、报关、报验、送货或转运等。这类业务航空公司一般不负责办理，因而需要专业承办此类业务的航空货运代理提供服务。

航空货运业务可以通过航空货运代理公司办理，也可以由收、发货人直接向航空公司办理，但后一种形式在实际操作中比较少见。航空货运代理公司作为托运人和航空公司之间的桥梁和纽带，既可以是托运人的代理，代替托运人向航空公司办理托运或提取货物；也可以是航空公司的代理，代替航空公司接收货物，出具航空公司的总运单和自己的分运单。

航空货运代理公司之所以能够产生并迅速发展起来，是因为至今航空公司的服务基本没有走出机场。托运人需要紧急运输货物，但对空运业务的流程可能不十分了解，因此航空货运代理公司的服务能够为委托人和承运人双方都带来方便和好处。

航空货运代理公司大都对运输环节和有关规章制度十分熟悉，并与民航、海关、商检和交通运输部门等有着广泛的联系，具备代办运输手续的条件。同时，航空货运代理公司在世界各地都设有分支机构或合作方，因此能够及时联络，控制货物运输的全过程。委托人还可以通过航空货运代理查询航班班期，因此委托航空货运代理办理进出口货物运输比委托人直接向航空公司办理委托更为便利。

4.5 国内国际航空货物运输操作流程

4.5.1 空运货物出口基本操作流程[①]

空运货物出口基本操作流程如图4－1所示。

（1）托运人选择适合的航空货运代理公司。

（2）托运人提供空运货物资料：托运人名称、电话、地址；品名，件数，重量，箱规尺寸；目的港及目的港收货人名称、地址、电话；备妥应具备的报关资料：清单、合同、发票、手册、核销单等。

（3）航空货运代理公司检查委托书内容是否齐全，不齐全的要补充完备；了解货物是否要做商检，并对需要做商检的货物协助办理商检。

① 以北京货运机场作业为例，其他地方的操作流程可能不尽相同。

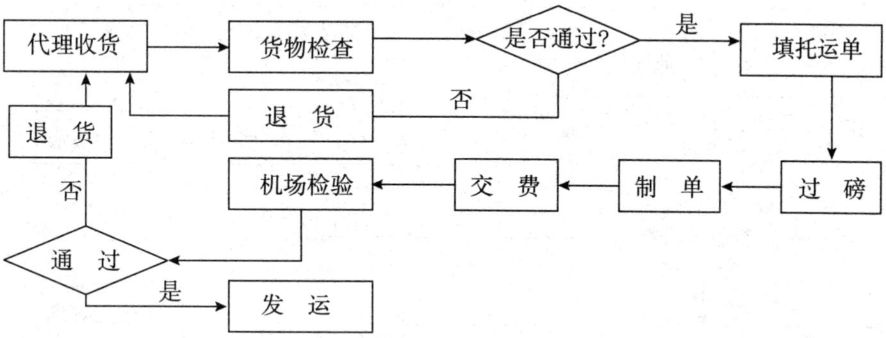

图 4－1 空运货物出口基本操作流程

（4）航空货运代理公司根据托运人的委托书，向航空公司订舱（也可由托运人指定航空公司）。

（5）货物通过安检、卫检，即可由航空货运代理公司填报托运单；如果检查没有通过，则要作退货处理。

（6）托运人填写报关委托书，交由委托报关的航空货运代理公司或报关行申报；如果海关没有放行，则要作退货处理。

（7）托运人与所选择的航空货运代理公司协商并确定运价。

（8）托运人将货物运至航空货运代理公司指定地点，或由其上门提货。

（9）航空货运代理公司将所托运的货物过磅并预录报关单。

（10）理货、入库。

（11）托运人缴纳仓储、卫检等杂费。

（12）货物送交机场检验，如无问题则装机发运；如有，则作退货处理。

（13）航空货运代理公司代办核销退税，托运人付运费。

（14）发运 7 日后航空货运代理公司回海关贴关单防伪签。

4.5.2 空运货物进口基本操作流程[①]

空运货物进口基本操作流程如图 4－2 所示。

（1）飞机进场之后，航空公司要将总舱单录入电脑；

（2）货物可以由航空公司地面代理接收，也可以由航空货运代理公司接收；

① 以上海空港为例，其他地方的操作流程可能有些不同。

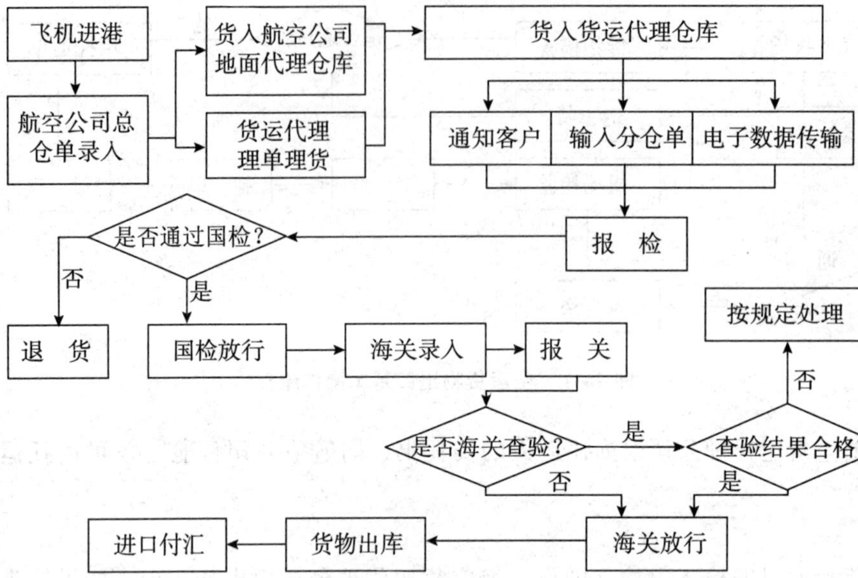

图 4-2　空运货物进口基本操作流程

（3）进入仓库之后，由航空货运代理公司通知客户、输单和做电子数据传输，并且报检；

（4）国家检验检疫局可以免验也可以抽验；

（5）免验或者检验通过即放行，检验没有通过的货物要做处理，可能需要退货；

（6）放行之后，需要报关；

（7）海关不查验或者查验后合格就可以放行；查验不合格要做相关处理；

（8）放行之后，货物出库，交与收货人；

（9）收货人要做进口付汇。

4.5.3　机场/航空公司货站出港操作流程

机场/航空公司货站出港操作流程如图 4-3 所示。

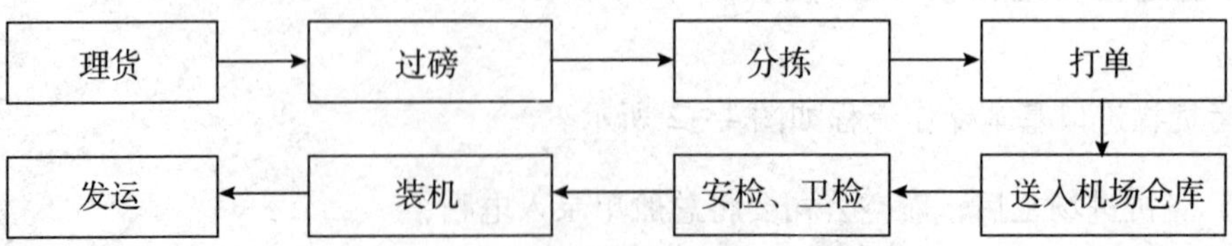

图 4-3　机场/航空公司货站出港操作流程

（1）理货：当货物送至相关的货站后，航空货运代理公司会根据航空公司的运单号码，制作主标签和分标签，贴在货物上，以便于起运港及目的港的收货人、货代、货站、海关、航空公司、商检及收货人识别；

（2）过磅：将贴好标签的货物交由货站进行安全检查、过磅，以及测量货物尺寸计算体积重量，之后货站将整单货物的实际重量以及体积重量写入《可收运书》，加盖“安检章”、“可收运章”，并签名确认；

（3）打单输入系统：航空货运代理公司根据货站的《可收运书》将全部货物数据，打入航空公司的运单上；

（4）送入机场仓库；

（5）货物进行安检、卫检；

（6）装机、发运。

4.5.4 报关行对于空运货物的操作流程

（1）接单、送单：托运人可自行选择报关行，也可委托航空货运代理公司进行报关。托运人备妥报关资料之后，连同货站的《可收运书》和航空公司的正本运单及时交给报关行，以便于及时报关，方便货物及早通关以及运输；

（2）预录入：报关行将根据以上文件，整理并完善所有报关文件，将数据录入海关系统，进行预先审核；

（3）申报：预录通过后，可进行正式申报程序，将所有单证交由海关审核；

（4）送单时间：根据航班时间，一般提前一天报关；①

（5）转关货物要收取相应的转关费用。

4.5.5 海关对于空运货物的清关操作流程

1. 出口清关

（1）审单：海关将根据报关资料审核货物以及单证；

（2）查验：由海关抽查或者由航空货运代理公司自查（代理要对查验后果负责）；

（3）征税：海关根据货物的类别，按照国家法律的规定收取税收，并填写核销单

① 报关行工作时间：8：30—12：00，13：30—17：30。

（以便货物出口后，托运人退税用）；

（4）放行：以上手续完备后，海关将对货物进行放行，在相关单证上加盖海关放行章，交给相关的报关行。[①]

注：空运货物的通关时间：一般情况为当天。

2. 进口清关

（1）初审：审查报关单证是否齐全；

（2）审单：根据报关资料审核货物以及单证内容；

（3）查验：由海关抽查或者由航空货运代理公司审核（代理要对查验后果负责）；

（4）征税：根据货物的类别，按照国家法律的规定征税和相关费用；

（5）放行：以上手续完备之后，对货物进行放行，在相关的单证上加盖海关放行章，交给相关的报关行。

4.5.6 空运快件运输基本操作流程

空运快递服务[②]中涉及的运输种类很多，长距离基本是以空运为主，因此将其流程（如图 4－4 所示）放在此单元中讨论。

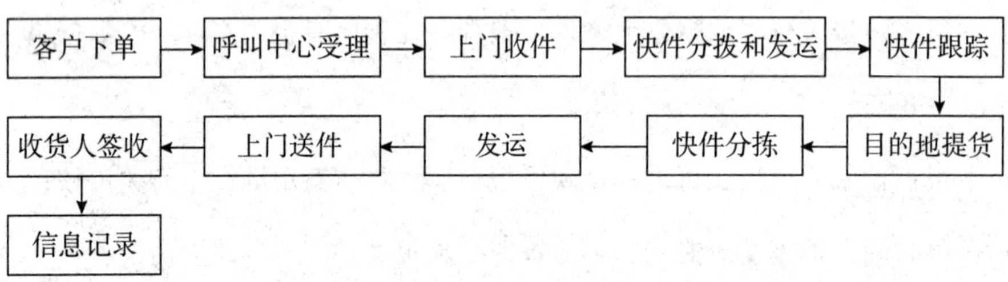

图 4－4 空运快件操作流程

（1）客户下单：客户寄快件可以直接致电快递公司的统一接单电话，大多数快递公司均提供免费上门揽收的服务，有的还可以提供免费包装、代收货款、保价、特殊运输服务、代签回单等多种业务产品。

（2）呼叫中心受理：呼叫中心客服人员受理客户需求，记录信息，通过呼叫中心系统将相应信息发送到指定区域收派员的终端上。

---

① 海关工作时间：09：00—12：00，13：30—16：30，节假日海关一般不接受货物申报，除非企业有《应急本》，在海关有相应的备案，海关才会接受申报。

② 以顺丰快递流程为例，其他公司的流程可能会有些不同。

（3）上门收件：收派员按照信息上门收件，完成交接手续，用无线巴枪扫描运单条码，然后将快件交回所在区域营业网点。

（4）快件分拨和发运：营业部仓管将收派员的快件集中完毕后，用巴枪扫描进行相应数据采集，按操作要求将快件进行装车，一般派送方式是本地航空、公路、铁路网组织进行货件集散发运。同城、同省内主要运输方式以公路运输为主，跨省的中短距离的运输主要以物流车辆辅助铁路运输为主，中长距离的主要以全货机和客机腹舱运输为主，快速将快件发运至目的地的中转场站。

（5）快件跟踪：全程跟踪，对异常情况及时进行调度。

（6）目的地提货和快件分拣：目的地提货，进行分拣，组织车辆运送到指定目的地区域营业网点。

（7）目的地收派员上门派件，收货人签收，完成快件运输全过程，录单员将派件单信息录入系统备查。

4.6 空运货物重货和泡货的界定

与公路和铁路货物计重不同，对空运货物重、泡货的界定是：每吨不大于6立方米的为重货；每吨大于6立方米的为泡货。举例如下：

［例］ 某纸箱包装的空运货物的体积和重量分别为：实际毛重18千克；体积0.14立方米。

解答：$0.14 \div 0.006 \backsimeq 23$

计算结果为23，大于实际毛重18千克。就此票货物而言，按照“择大计收”原则，航空公司会按照计费重量23千克计收运费。

4.7 航空运输的运价

航空运输的运价指机场与机场之间的空中费用，不包括提货、报关、接交、仓储以及承运人、代理人或机场收取的其他各种费用，这些费用由货站或者航空货运代理公司收取。

4.7.1 国内空运货物运价

1. 国内空运货物运价类别

国内空运货物运价分为下面五类：

（1）普通货物运价（代号 N）；

（2）等级货物运价（代号 S）；

（3）指定商品运价（代号 C）；

（4）最低运费（代号 M）；

（5）集装货物运价。

其中，普通货物运价分为基础运价（代号 N）和重量分界点运价（代号 Q）：

①基础运价是民航总局统一规定各航段货物基础运价，基础运价为 45 千克以下普通货物运价，金额以角为单位。

②重量分界点运价是指国内航空货物运输规定的 45 千克以上、100 千克以上、300 千克以上三级重量分界点及运价。

等级货物运价是指急件、生物制品、珍贵植物和植物制品、活体动物、骨灰、灵柩、鲜活易腐物品、贵重物品、枪械、弹药、押运货物等特种货物实行等级货物运价，按照基础运价的 150% 计收。

指定商品运价是指对于一些批量大、季节性强、单位价值低的货物，可申请建立指定商品运价。

目前最低运费是指每票国内航空货物最低运费为人民币 30 元。

集装货物运价是指以集装箱、集装板作为一个运输单元运输货物可申请建立集装货物运价。

2. 国内航空货物运价使用规则

（1）直达货物运价优先于分段相加组成的运价；

（2）指定商品运价优先于等级货物运价和普通货物运价；

（3）等级货物运价优先于普通货物运价。

3. 国内航空货运计费规则

（1）货物运费计费以“元”为单位，元以下四舍五入；

（2）最低运费，按重量计得的运费与最低运费相比取其高者；

（3）按实际重量计得的运费与按较高重量分界点运价计得的运费比较取其低者；

（4）分段相加组成运价时，不考虑实际运输路线，不同运价组成点组成的运价相比取其低者；

（5）国内航空货物每票最低运费为人民币 30 元，代码是 M。

4. 国内航空邮件运费

普通邮件运费按照普通货物基础运价计收；特快专递邮件运费按照普通货物基础运价的 150% 计收。

4.7.2 国际空运货物运价

国际航空货物的运价分类如下：

（1）特种货物运价（Specific Commodity Rates，SCR）；

（2）等级货物运价（Class Rates or Commodity Classification Rates，CCR）；

（3）普通货物运价（General Cargo Rates，GCR）；

（4）起码运费运价（Minimum Charges，M）；

（5）成组货物运价（United Consignment ULD，Unit Load Devices）。

1. 特种货物运价

特种货物运价通常是承运人根据在某一航线上经常运输某一种类货物的托运人的请求或为促进某地区间某一种类货物的运输，经国际航空运输协会同意所提供的优惠运价。特种货物分为 10 类，其中每一类又细分为 10 组，每组再细分，这样几乎所有的商品都有一个对应的组号，公布特种货物运价时只要指出本运价适用于哪一组货物即可。

因为承运人制定特种运价的初衷主要是使运价更具竞争力，吸引更多客户使用航空货运形式，使航空公司的运力得到更充分的利用，所以特种货物运价比普通货物运价要低。适用特种运价的货物除了满足航线和货物种类的要求外，还必须达到承运人所规定的起码运量（如 100 千克）。如果货量不足，而托运人又希望适用特种运价，那么货物的计费重量就要以所规定的最低运量（100 千克）为准，该批货物的运费就是计费重量（此时是最低运量）与所适用的特种货物运价的乘积。

2. 等级货物运价

等级货物运价指适用于指定地区内部或地区之间的少数货物运输的运价。通常表示为在普通货物运价的基础上增加或减少一定的百分比。适用等级货物运价的货物通常包括：

（1）活动物、活动物的集装箱和笼子；

（2）贵重物品；

（3）尸体或骨灰；

（4）报纸、杂志、期刊、书籍、商品目录、盲人和聋哑人专用设备和书籍等出版物；

（5）作为货物托运的行李；

（6）其中（1）~（3）项通常在普通货物运价基础上增加一定百分比；（4）~（5）项在普通货物运价的基础上减少一定百分比。

3. 普通货物运价

普通货物运价是适用最广泛的一种运价。当一批货物不能适用特种货物运价，也不属于等级货物时，就适用普通货物运价。

通常，各航空公司公布的普通货物运价针对所承运货物数量的不同规定几个计费重量分界点（Break Points）。最常见的是45千克分界点，将货物分为45千克以下的货物（该种运价又被称为标准普通货物运价，即Normal General Cargo Rates，代号N）和45千克以上（含45千克）的货物。另外，根据航线货流量的不同还可以规定100千克、300千克分界点，甚至更多。运价的数额随运输货量的增加而降低，这也是航空运价的显著特点之一。

4. 起码运费运价

起码运费是航空公司办理一批货物所能接受的最低运费，是航空公司在考虑办理即使很小的一批货物也会产生的固定费用后制定的。

如果承运人收取的运费低于起码运费，就不能弥补运送成本。因此，航空公司规定无论所运送的货物适用哪一种航空运价，所计算出来的运费总额都不得低于起码运费。若计算出的数值低于起码运费，则以起码运费计收，另有规定的除外。

5. 成组货物运价

成组货物运价即特殊运价，适用于托盘或集装箱货物。

4.8 小结

航空货物运输是指利用民用航空器运送货物，分为国内航空运输和国际航空运输。

本单元讨论了航空运输的概念以及航空运输的优劣势，同时介绍了国内外航空运输的管理部门。在托运人对航空运输服务的需求方面，讨论了航空货运代理的作用和空运货物进出口的流程，机场/航空公司货站出港操作流程，报关行操作流程和海关对于空运货物的清关操作流程，空运快件的特点，空运货物重货和泡货的界定，国内国际空运货物运价构成原则等。为航空货运从业人员的工作提供了参考。

4.9 思考题

1. 在什么情况下，托运人会选择空运服务？

2. 航空运输存在的优势和局限性有哪些？

3. 简述空运货物的进出口流程。

4. 一票空运货物，共5个纸箱，每个纸箱0.028立方米，每个纸箱重8千克。请分析此票空运货物属于重货还是泡货。

5. 简述国内空运货物定价原则。

6. 简述国际空运普通货物定价原则。

单元1 货物运输概述

单元2 公路货物运输

单元3 铁路货物运输

单元4 航空货物运输

单元5 水路货物运输

单元6 多式联运

单元7 货物运输单证和风险管理

单元5　水路货物运输

学习目标

通过本单元的学习，你应能够：

1. 了解水路货物运输的概念及特点
2. 熟悉水路货物运输的分类、优劣势
3. 熟悉水路货物运输的设施和工具
4. 了解水路货物运输涉及的当事人及相关服务
5. 了解水路货物运输的货物种类
6. 掌握水运运价结构
7. 掌握水路货物运输进出口委托作业流程

5.1 水路货物运输的概念

水路货物运输是以船舶为主要运输工具、以港口或港站为运输基地、以水域（海洋、河、湖等）为运输活动范围的一种货物运输方式，其在蒸汽机用于交通动力前已经出现。水运至今仍是世界许多国家最重要的运输方式之一。

水路货物运输的技术经济特征是载重量大、成本低、投资少，但灵活性小，连续性也差。水路货运较适于大宗、低值、笨重货物和各种散装货物的中长距离运输，特别是海运，适于承担各种国际贸易进出口货物运输。

目前，我国的商船已航行于世界100多个国家和地区的400多个港口，已基本形成一个具有相当规模的水运体系。在相当长的历史时期内，我国水路货物运输对经济交流、文化发展和对外贸易起着十分重要的作用。

5.2 水路货物运输的特点

与其他运输方式相比，水运具有如下特点：

（1）开发利用涉及面较广。

（2）对综合运输的依赖性较大。水运航线无法在广大陆地上任意延伸，故水运的充分开发利用，要与铁路、公路和航空等运输方式配合，并实行联运。

（3）是开展国际贸易的主要方式，是发展经济和友好往来的主要交通工具。

5.3 水路货物运输的分类、优劣势

1. 水路货物运输的分类

水路货物运输分为海洋运输和内河运输两种类型。海洋运输简称“海运”，指的是使

用船舶等水运工具经海上航道运送货物。内河运输简称“河运”，指的是使用船舶和其他水运工具，在国内的江、河、湖泊、水库等天然或人工水道运送货物。河运方式在欧洲的利用率非常高。

海运还可以细分为沿海运输、近海运输和远洋运输三种形式。

（1）沿海运输：使用船舶通过大陆附近沿海航道运送货物的水运方式；

（2）近海运输：使用船舶通过大陆邻近国家海上航道运送货物的水运方式；

（3）远洋运输：使用船舶跨越大洋的长途运输的水运方式。

2. 水路货物运输的优势

（1）成本低；

（2）载重量大；

（3）通过能力大；

（4）耗能少；

（5）投资省；

（6）少占或不占农田。

3. 水路货物运输的劣势

（1）受自然条件的限制与影响大，即受海洋与河流的地理分布及其地质、地貌、水文与气象等条件和因素的明显制约与影响；

（2）运输速度低；

（3）灵活性小；

（4）连续性差；

（5）有的地方要加宽河道、疏浚、挖深或沟通。

与其他运输方式相比较，水路货物运输所受的限制比较小，成本低，对环境的污染明显小于空运和公路运输，因此具有其他运输方式不可替代的作用。

5.4 水路货物运输的设施和工具

5.4.1 港口

港口是航运的起点和终点。船只的补给，旅客的上下、货物的装卸和船舶的检修等都要在港口进行。如图 5 - 1 所示。

图 5 - 1　港口

港口吞吐能力又称港口通过能力，是在一定技术装备和劳动组织条件下，按照合理的操作过程和先进的装卸工艺，一港口在一定时期内为船舶装卸货物所能达到的最大数量，即最大吞吐量，以吨数表示，它是港口所有泊位吞吐能力的总和。

5.4.2　集装箱[①]

集装箱运输是将各种杂货集中装于具有统一长、宽、高规格的箱体内进行运输。集装箱既可以装船利用水路货物运输，也可通过铁路、公路运输，中途更换车船而不必把货物取出，可以提高装卸效率，有利于机械化操作，减轻繁重的体力劳动，减少货物的损失，简化繁杂的手续，加快车船的周转，降低运输成本。

集装箱运输支持了从托运人的仓库直接送到收货人仓库的“门到门”物流服务，使得供应链上货物的流动更加顺畅。

5.4.3　船舶[②]

船舶由船壳、船架、甲板、船舱、驾驶台和轮机等构造和设备构成。船舶的种类包括：

（1）客货船（Passenger Cargo Ship）；

（2）杂货船（General Cargo Ship）；

（3）干散货船（Bulk Cargo Ship）；

① 集装箱种类和规格见单元 1 和附件 1 的相关内容。

② 船舶介绍参见单元 1 的相关内容。

（4）冷藏船（Refrigerated Cargo Ship）;

（5）木材船（Timber Ship）;

（6）集装箱船（Container Ship）;

（7）滚装船（Roll－on Roll－off Ship）;

（8）油轮（Oil Tanker）;

（9）液化天然气船（Liquefied Natural Gas Carrier）;

（10）载驳船（Lighter Aboard Ship/ Seabee）;

（11）兼用船（Combination Carrier）;

（12）其他特种船舶。

下面介绍集装箱船舶及其发展历程。

1. 集装箱船舶简介

集装箱最早用于陆上运输，是运输史上一大技术革命，很快便成为水运的一种有效形式。第一艘集装箱船是美国于1957年用一艘货船改装而成的，其装卸效率比常规杂货船大10倍，停港时间大为缩短，并降低了运货装卸中的货损率。从此，集装箱船得到迅速发展，到20世纪70年代已成熟定型。

集装箱船可分为全集装箱船和半集装箱船两种，其结构和形状与常规散杂货船明显不同。它外形狭长，单甲板，上甲板平直，货舱口占船体宽的70%～80%，上层建筑位于船尾或中部靠后，以让出更多的甲板堆放集装箱。集装箱船装卸速度快，停港时间短，航速高，通常为每小时20～23海里①。近年来为了节省能源，一般采用每小时18海里左右的经济航速。沿海短途航行的集装箱船的航速在每小时10海里左右。

集装箱轮其实就是一个庞大的可移动仓库。舱内装有垂直导轨，集装箱沿垂直导轨下舱，对集装箱起着定位作用。船在海上遇到恶劣天气时，垂直导轨可以牢牢地固定住集装箱。因为集装箱都是金属制成，而且是密封的，里面的货物一般不会受雨水或海水的侵蚀。集装箱船一般停靠专用码头，用专门吊车装卸，效率非常高，因此为现代水运业所普遍采用。

2. 集装箱船舶的发展

（1）第一代集装箱船舶：20世纪60年代，横穿太平洋和大西洋的装箱船，可装载

① “海里”传统上定义为绕地球一圈的一角分（1海里的长度是子午线长度两倍/360/60），1海里等于1852米。

700～1000 标准集装箱（简称标准箱，英文表示为 TEU①）。

（2）第二代集装箱船舶：20 世纪 70 年代，集装箱船的集装箱装载数增加到 1800～2000 标准箱，航速也由第一代的 23 节提高到 26～27 节。

（3）第三代集装箱船舶：1973 年石油危机以来，第二代集装箱船被视为不经济船型的代表，故而被第三代集装箱船取代。第三代集装箱船的航速降低至 20～22 节，但由于增大了船体尺寸，提高了运输效率，致使集装箱的装载数达到了 3000 标准箱。第三代集装箱船也被称作高效节能型船。

（4）第四代集装箱船舶：20 世纪 80 年代后期，集装箱船大型化的限制以能通过巴拿马运河为准绳。第四代集装箱船装载总数增加到 4400 标准箱。

（5）第五代集装箱船舶：可装载 4800 标准箱。

（6）第六代集装箱船舶：21 世纪初可装载 8000 标准箱以上的集装箱船舶拉开了巨型集装箱船的序幕。

（7）目前最大的集装箱船舶：世界上最大集装箱超级巨轮船长 366. 10 米，宽 51. 3 米，137000 吨，能够装载 13798 标准箱，最大吃水 15 米，比目前美国海军尼米兹级航空母舰还要长 30 多米。如果将它垂直竖起来，将比埃菲尔铁塔还要高出 50 米，甲板面积相当于 50 个世界标准篮球场的大小，所载集装箱若改用火车运输，车厢的总长度将达到 90 千米，规模效应在船型上体现的非常明显。据悉，还有更大的集装箱船舶不断投入海洋运输市场。

3. 集装箱船舶的类型

（1）部分集装箱船：仅以船的中央部位作为集装箱的专用舱位，其他舱位仍装普通杂货；

（2）全集装箱船：指专门用以装运集袋箱的船舶；

（3）可变换的集装箱船：这种船的货舱，可以根据需要随时改变设施。既可装运集装箱，也可以装运其他普通杂货，以提高船舶的利用率。

根据航运及造船的著名研究报告公司克拉克森统计，集装箱船可以分为六类（如图 5－2所示）：

① TEU：Twenty－feet Equivalent Unit 的缩写，是以长度 20 英尺的集装箱为国际计量单位，也称国际标准箱单位。

（1）小型支线船（100～499 TEU）；

（2）大型支线船（500～999 TEU）；

（3）灵便型船（1000～1999 TEU）；

（4）次巴拿马型船（2000～2999 TEU）；

（5）巴拿马型船（3000～3999 TEU）；

（6）超巴拿马型（4000TEU 以上）。

图 5－2　各种型号的集装箱船示意

5.5　水路货物运输涉及的当事人及相关服务

水路货物运输几乎涉及与货物运输相关的所有当事人，包括托运人、收货人、承运人、船务代理以及货运代理等。其中接受服务的有托运人和收货人；提供服务的有承运人、船务代理和货运代理。本节主要讨论这些当事人的服务，也就是第三方物流公司提供的服务。

5.5.1　水路货物运输中承运人的服务

承运人是本人或者委托他人以本人名义与托运人订立海上货物运输合同的人。水路货物运输的承运人有很多种类，本节内容以提供国际航线的海运承运人和其服务为主，重点讨论班轮运输服务。

班轮运输以固定的船舶，按照以运行周期为依据编制的船期表上的挂离港日期组织船舶运行，即定期定港班轮运输。非班轮运输是不定期、不定港、不定船的定线运输，除固定的几个港口外，其余港口视货源情况决定挂靠与否，事先不能编制一定期间的船期表。

1. 班轮运输形式

（1）承运人和货主之间不签订租船合同，仅按船公司签发的提单①，处理运输中有关问题；

（2）承运人通常要求托运人送货至其指定的码头仓库或堆场交货，收货人在承运人指定的码头仓库或堆场提货；

（3）班轮承运人负责包括装、卸货物及理舱在内的作业，并负担全部费用；

（4）班轮运输一般有固定港口、固定航线、固定开航时间，不计滞期费和/或速遣费，班轮运费相对稳定。

2. 班轮航线构成

班轮航线按运输对象、运行组织、所跨区域及航行线路等来划分：

（1）针对运输对象的班轮航线：普通杂货航线、集装箱航线、客运航线。随着集装箱运输的出现和发展，普通杂货航线基本被集装箱航线所取代。

（2）针对运行组织的班轮航线：普通杂货航线通常采用多港挂靠结构，集装箱航线则以干、支线结合为主。

（3）针对所跨区域的班轮航线：沿海航线、近洋航线、远洋航线。

（4）针对航行线路的班轮航线：往返式航线和环状航线。往返式航线是指以始发港和目的港为两端点港来回运行的航线；环状航线则以某一环形线路为航行路线。现在经营国际航线的承运人基本选择往返式航线提供服务。

班轮公司会定期在相关的船务公报上发布自己的船期，该信息称作船期表。对于托运人、收货人和货运代理来说船期表是获取航运信息的重要渠道。②

5.5.2 水路货物运输中船务代理的服务

关于船务代理的定义在单元1中已经讨论，这里主要讨论班轮运输船务代理和不定期船运输船务代理两大类。

---

① 关于提单见单元7的内容。

② 船期表的介绍见附件11。

1. 班轮运输船务代理

（1）班轮运输船务总代理。在班轮运输中，班轮公司在从事班轮运输的船舶挂靠的港口委托总代理，凡班轮公司自行办理的业务都可以通过授权，由总代理代办。

（2）订舱代理。班轮公司为使自己所经营的班轮运输船舶能在载重和舱容上得到充分利用，力争做到满舱满载，会委托订舱代理争取货源。订舱代理不一定是船务代理，也可以是接受船公司委托的货运代理。

2. 不定期船船务代理

（1）船东代理。船东代理受船东的委托，为船东代办与在港船舶有关的事项，诸如清关、安排拖轮、引航员及装卸货物等业务。

（2）船舶经营人代理。作为期租承租人的船舶经营人，根据航次租约的规定，有权在装卸货港口指派代理，为船舶经营人代办与在港船舶有关的业务。

（3）承租人提名代理。根据航次租约的规定，承租人有权提名代理，而船东（或船舶经营人）必须委托由承租人所指定的代理作为自己所属船舶在港口的代理，并支付代理费及港口的各种费用。此时，代理人除了要保护委托方（船东或船舶经营人）的利益外，还要对承租人负责。

（4）保护代理。在港口的代理人是由承租人提名的情况下，船东或船舶经营人为了保护自己的利益，会在委托了由承租人提名的代理作为在港船务代理以外，再另外委托一个代理来监督承租人提名代理的代理行为，该代理即为保护代理，或称为监护代理。

（5）船务管理代理。船务管理代理为船舶代办诸如船舶供给、修船、船员服务等业务，而这些代理业务与船舶装卸货无关，当船舶经营人为船舶指派了港口代理后，船东为了办理那些与装卸货无关而仅仅与船务有关的业务时，若船舶经营人的代理没有得到船舶经营人的委托，则不会为船东代办有关船务管理业务。此时，船东就会委托一个船务管理代理来代办自己的有关业务。

（6）不定期船总代理。总代理是特别代理的对称，其代理权范围包括代理事项的全部。

3. 船务代理的主要服务内容

（1）代理通常应为班轮制作船期公告；

（2）办理船舶进出港口的申报手续，联系安排船舶引航、泊位、扫洗舱、熏舱、修理、检验以及燃料、淡水、伙食、物料等的供应；

（3）代揽货载、代订舱位、联系安排货物装卸、监装监卸、理货、熏蒸、衡量、检验、整理、改装、驳运、储存、收发并洽办货物联运中转；

（4）办理集装箱、滚装船进出港口申报手续、联系安排集装箱拆装箱、车辆装卸、检验、修理、扫洗、储存以及洽办集装箱联运中转；

（5）办理期租船交接工作；

（6）代签提单和有关运输文件，签发货物和集装箱交接单证；

（7）管理船务和集装箱以及集装箱的追踪；

（8）洽办货物理赔，船舶海事处理，联系海上救助；

（9）联系申请海员证，办理船员掉换、遣返、就医、旅游及其他服务项目，代购代转船用产品、物料、邮件及船员信件；

（10）计算运费，代收代付运费及各类款项，办理船舶速遣费和滞期费的结算；

（11）办理委托人委办的其他事项。

5.5.3 水路货物运输中货运代理的服务

关于货运代理的定义在单元1中讨论过，这里的重点在于水路货物运输中的货运代理公司及其服务。船务代理服务的对象是船公司，即承运人；货运代理服务的对象是托运人和/或收货人。明确不同的代理和其服务对象是很重要的。

相当于第三方物流服务提供商的货运代理的服务涉及面非常广，由于引入了第三方物流的服务理念，作为委托方的“延伸的手臂”，目前的服务范围更为广泛。但是货运代理，特别是国际货运代理服务的对象基本和运输的当事人有关，这点与第三方物流公司为供应链上众多客户提供的广泛服务还是有所不同的。

1. 代表托运人（出口商）完成的工作

（1）接受委托；

（2）帮助托运人选择运输路线、运输方式、确定运费和承运人；

（3）为约定的船务代理或者船公司提供揽货、订舱服务；

（4）了解信用证条款和所有政府的规定；

（5）获得托运人相关信息并据此缮制有关单证；

（6）包装；

（7）储存；

（8）称重和量尺码；

（9）代办熏蒸；

（10）代办出口货物的报检报验；

（11）货物的出口报关；

（12）办理退关（如果发生）；

（13）代办保险；

（14）将办理完的各种必要手续、海关放行的货物交给船公司；

（15）外汇交易；

（16）支付运费及其他费用；

（17）收取已签发的正本提单，并交给委托人；

（18）安排货物转运；

（19）通知收货人货物动态及相关单证状况；

（20）记录货物灭失情况（如果发生）；

（21）协助委托人向有关责任方进行索赔（如果发生）；

（22）流通领域的简单加工；

（23）咨询服务；

（24）第三方物流公司的其他延伸服务。

2. 代表收货人（进口商）完成的工作

（1）接受委托；

（2）报告货物动态；

（3）接收和审核所有与运输有关的单据；

（4）办理与单证相关的手续；

（5）提货和交付到付运费；

（6）安排进口货物报关、完税及其他费用；

（7）安排报检报验；

（8）安排运输过程中货物的暂存、转运和/或转口；

（9）向收货人交付海关放行的货物；

（10）协助收货人储存或分拨货物；

（11）流通领域的简单加工；

（12）协助收货人向有关责任方进行索赔；

（13）第三方物流公司的其他延伸服务。

5.6 水路货物运输的货物种类

相对于其他运输模式，水路货物运输的特点是运输距离长、运费低、运输时间长、运输风险比较大，适合于非紧急的运输服务。集装箱的使用大幅度降低了货损和货差。水路运输的货物大部分属于进出口或者非贸易货物。

适合水运的货物有：

（1）普通干货；

（2）冷冻、冷藏货；

（3）危险品；

（4）鲜活货物；

（5）液态货物；

（6）超长、超宽、超高、超重的大件货物。

5.7 海运运价构成

海运指包括近洋和远洋的水运，其运价主要由运费、杂费及附加费构成。班轮运费是根据班轮公司的运价表计算的。目前，各国船公司所制定的运价表，格式大同小异，基本内容相近。

5.7.1 散货基本运费

国际贸易中涉及的矿石、煤炭、粮食、化肥、钢材等大宗商品以及国内江河航线上的货物用散货船来装运，其他货物基本使用集装箱运输。散货运费是根据货物的等级及尺码/吨来收取的。

承运人承揽散杂货运输的运价表一般根据商品的不同种类和性质，以及装载和保管的难易而划分为若干个等级。在同一航线内，由于商品的等级不同，船公司收取的基本费率也不同。因此，商品的等级与运费的高低有很大关系。

另外，运费的计算标准也不尽相同。例如，重货一般按重量吨计收运费，泡货按运费吨，也称尺码吨计收。有些价值高的商品按 FOB 货值的一定百分比计收。有的商品按混合办法计收。例如，先按重量吨或尺码吨计收，然后再加若干从价运费：

（1）按重量吨计收，称为重量吨，表内列明“W”，以每公吨或每长吨为计算单位；

（2）按货物体积计收，称为尺码吨，表内列明“M”，一般按 1 立方米或 40 立方英尺为一尺码吨作为计算单位；

（3）按体积或重量，由船方选择而计算，表内列为“W/M”，符合“择大计收”惯例；

（4）按商品的 FOB 价值的一定百分比计收，称为从价运费（Ad Valorem），表内列明为“Ad Val”或“A. V.”；

（5）按混合标准计收，如 W/M + A. V.，即按重量吨或尺码吨再加从价运费；

（6）还有一些商品是按件（per unit）或头（per head）计收，如车辆或者活牲畜等；

（7）对于大宗商品，如粮食、矿石、煤炭等，因运量较大，货价较低，容易装卸等原因，船公司为了争取货源，可以与托运人另行商定运价。

5.7.2 集装箱货物运价计费因素

1. 整箱运费

集装箱运输按照每个集装箱收费。集装箱分为普通干货箱（dry freight container）和特种集装箱。按照集装箱大小分为 20 英尺、40 英尺、20 英尺 H①、40 英尺 H 和 45 英尺等。特种集装箱分为挂衣箱、平板箱、框架箱、冷冻箱、开顶箱和半封闭箱等②。

2. 拼箱货（Less Cargo Load，LCL）运费

海运拼箱货是指将不同托运人的货物装入一个集装箱内的货物。拼箱的做法可以使得拥有不足一个整箱货的托运人共用一个集装箱，可以分担一个整箱的运费。海运费的重货

① H：high，指比标准箱高的集装箱。
② 集装箱内容见单元 1 和附件 1、附件 2。

计算是每吨不大于1立方米的货为重货。

5.7.3 水运附加费

水运运费的构成，一般是“基本运费+附加费”。这些附加费用项目较多，主要根据商品、港口或其他原因收取，并可能会随时变动。拼箱货一般会将附加费并入运费中。

附加费大致可以分为以下几种：

（1）因商品特点不同而增收的附加费，如超重附加费、超长附加费、洗舱费等；

（2）因港口不同情况而增收的附加费，如港口附加费、港口拥挤费、选港费、直航附加费等；

（3）因其他原因而临时增加的附加费，如燃油附加费、紧急燃油附加费、贬值附加费、反恐附加费等。

附加费的名目繁多，远不止上述这几种①。比如，美国有DDC（目的港交货费），自“9·11”之后又增加了AMS（电子舱单系统费，也称作反恐附加费）等；日本有CAF、YAS、EBS等；欧洲有BAF、CAF等；而台湾航线经常收取EBS等。与基本运费相比，附加费总额并不小，有时可达运费的两倍，甚至还多。不同的航线附加费也不一样。托运人在计算运费时，切不可忽视承运人对附加费的收取。承运人也会以包干费的形式提供运费，那样对托运人来说比较简单。

5.8 水路货物运输作业流程

水路货物运输主要涉及进出口作业。本节主要讨论托运人、收货人以及货运代理的进出口作业流程。②

5.8.1 出口作业

1. 托运人的出口委托作业流程③

（1）托运人确定一家合适的货运代理之后，要缮制出口委托书，进行委托。

① 附加费内容参考附件13。

② 托运人和收货人对货运代理的选择可以参考单元7的相关内容。

③ 各地的流程大同小异，这里的流程供参考使用。

（2）将委托书交给该货运代理。

（3）如需要，委托货运代理报检报验。

（4）以书面形式与货运代理确认订舱要求，将必要的信息与货运代理确认，包括船名、航次、提单号、预计开航日、集港日、结关日、运费及该货运代理的港口办事处联系方式等。

（5）托运人与货运代理确认装箱方式。产装（产地装箱）时，货运代理把集装箱送到托运人指定地点，托运人装箱、封箱，然后将重箱送至回箱地点；港口场站（CFS）装箱，托运人可以委托货运代理送货，由CFS负责装箱。

（6）托运人将全套单据备妥后①，尽快交给货运代理（最迟在结关日前2天），货运代理确认无误，可以代报关；也可以委托报关行报关。有时，货运代理也可以代为缮制单证。

（7）开船前托运人需要再次核实货运代理缮制的提单内容。

（8）开船后交运费（运费预付，一般由货运代理代缴），换取全套正本提单。

（9）从货运代理处取得出口收汇核销单及退税单证以便办理核销退税。

（10）其他委托事宜。

2. 货运代理出口作业流程

（1）接受托运人委托，确定船公司，向船公司询价，并与托运人确认运价和船期。

（2）如需要，代办报检报验。

（3）与托运人确认订舱信息，同时通知托运人有关船名、航次、提单号、预计开航日、集港日、结关日及该货运代理的港口办事处联系方式等信息。

（4）与托运人确认装箱方式，如确认CFS装箱，货运代理书面提供送货地址及送货时间；如确认产装，货运代理将从船务代理处取得提箱单证，与托运人商定装箱时间并按时安排拖车到托运人指定地址装箱；装箱后，返至回箱地点，交还重箱。

（5）向托运人索取全套单据，以便报关，或者委托报关行报关。

（6）开船前1~2天向托运人确认提单内容。

（7）开船当日或次日（一般是次日），收取运费（运费预付时），将取得的正本提单交给托运人。

① 全套单据明细见单元7内容。

（8）在海关规定时间内向海关索取核销单及退税单证，并及时退给托运人。

（9）其他代办事宜。

5.8.2 进口作业

1. 收货人进口委托作业流程

（1）托运人确定一家合适的货运代理之后，进行委托。确认后，将进口全套单证交给该货运代理。

（2）要求货运代理提供船舶到港信息；如需转船，则确认二程船名和航次。

（3）要求货运代理确认换单费（如需换单）及其他提箱费用。

（4）要求货运代理确认此票货是属于一般检疫还是法定检疫。

（5）要求货运代理确认进口关税和增值税，将该费用交给货运代理，由其代缴。

（6）货物通关后可凭盖有海关放行章的提货单（Delivery Order，D/O）和设备交接单交由车队到指定的码头或者堆场办理提箱或提货手续，或者交给货运代理办理。

（7）提箱后如有商检要求法检的进口货物，需要先将集装箱拖运到指定地点做检查，在商检确认放行之后，拆空进口集装箱，将空箱送返指定的回箱地点，此业务也可以委托货运代理办理。

（8）空箱返回指定堆场后，要及时凭押款凭证到船公司的箱管部办理集装箱的押款结算手续。如果产生箱损，还要缴纳相应的集装箱修箱费，此业务也可以委托货运代理办理。

建议能够委托货运代理办理的业务尽量委托其办理，只要把费用核实、风险控制妥当即可，这样收货人可以节省很多精力和时间。

2. 货运代理进口作业流程

（1）接受委托。

（2）从收货人处取得进口全套单据，包括：经背书的正本提单或电放副本、装箱单、发票、合同（一般贸易）等相关单证。

（3）根据提单上的信息确认货物的承运人、船务代理以及换单代理。

（4）凭已背书的正本提单（如果电放，可带电放传真件与正本保函）在船务代理或换单代理处换取 D/O 并代缴纳相关换单费用。

（5）在船代换取 D/O 后，凭该单证在船代的箱管部办理集装箱押箱手续，缴纳押金，取得集装箱设备交接单。

（6）提前和堆场（CY）或者箱站（CFS）确认相关费用，包括：提箱费、掏箱费、装车费、回空费等。

（7）根据《商品编码》中的监管条件，确认此票货是属于一般检验还是法定检验；可以委托有资质的报检员或者托运人的报检员向进口口岸的进出口商品检验检疫局申报，商检通过后，安排报关。

（8）报关（清关），确认关税和增值税，向收货人索取该费用，或者由货运代理先行垫付。

（9）将盖有海关放行章的 D/O 和设备交接单交由拖车队到指定的码头或者堆场办理提箱或提货手续。

（10）收货人取得进口货物后，货运代理将空箱送返指定的回箱地点。

（11）空箱返回指定堆场后，要及时凭押款凭证到箱管部办理集装箱的押款结算手续，如果产生箱损，还要缴纳相应的集装箱修理费。

（12）向收货人结清所有费用（如果发生垫付）。

建议：一个好的货运代理应该具有处理以上各项业务的议价能力、操作能力和沟通能力，以便为委托人提供良好的服务。①

5.9　小结

水路货物运输是以船舶为主要运输工具、以港口或港站为运输基地、以水域（海洋、河、湖等）为运输活动范围的一种货物运输方式，世界上大部分国际贸易都采用了水路运输方式完成交付。所以，水运是使供应链顺畅运作的一个非常重要的环节。

本单元讨论了水路货物运输的特点，介绍了港口、集装箱和船舶情况，重点阐述了班轮运输服务，与船公司有关的船务代理的服务，与托运人有关的货运代理的服务。对于水运涉及的各种费用本节也做了比较详细的说明，以便读者在工作中借鉴。

① 关于承运人的作业流程，因其特殊性和复杂性，如涉及不同航线和各国港口，本单元未予收纳和讨论。

水运货物的种类繁杂，各种货物在运输中的处理方式有所不同，这是托运人要特别关注的。对于进出口作业，本单元分别从托运人、收货人和货运代理的角度进行了讨论，为读者在操作中提供了参考。

5.10 思考题

1. 水路货物运输有哪几种类型？其特点是什么？
2. 与公路、铁路和空运比较，水路货物运输的优势和局限性在哪里？
3. 水路货物运输中的承运人主要提供了哪些服务？
4. 水路货物运输中的货运代理主要提供了哪些服务？
5. 托运人/收货人委托出口运输要注意什么？
6. 托运人/收货人委托进口运输要注意什么？
7. 船期表主要提供哪些信息？
8. 货运代理提供出口货运服务时有哪些注意事项？
9. 货运代理提供进口货运服务时有哪些注意事项？
10. 请简述集装箱运费的基本构成。
11. 假设有一票出口货物经中国主要港口海运至欧洲主要港口，请简述操作流程。

单元1 货物运输概述

单元2 公路货物运输

单元3 铁路货物运输

单元4 航空货物运输

单元5 水路货物运输

单元6 多式联运

单元7 货物运输单证和风险管理

单元6 多式联运

学习目标

通过本单元的学习，你应能够：

1. 理解国内国际多式联运的概念
2. 了解国内多式联运的现状和发展趋势
3. 了解国际多式联运的发展及经营条件
4. 熟悉国际多式联运的形式
5. 掌握国际多式联运的运作流程
6. 了解国际多式联运的费用构成
7. 熟悉相关国际多式联运公约和规则
8. 了解国际联运经营人的责任

本单元主要分为国内多式联运和国际多式联运两部分。国内多式联运主要讨论了我国目前多式联运市场现状以及发展趋势；国际多式联运主要讨论其联运的形式、运作、费用以及相关的公约等。本单元主要使读者对国内国际多式联运这种复杂的货运方式有所了解。

6.1 国内多式联运

国内多式联运一般是以某种运输方式为主，其他运输方式为辅，完成从起运点到交付点的运输方式，如以铁路为主，以公路和水路为辅的联运；以长江水路为主干线，以铁路和公路为辅的联运等。

国内联运的产生源于第三方物流企业的服务要满足客户需求的理念，为满足客户“门到门”的服务需求而开发的服务产品。此产品一经推出，立刻得到了客户的认可，现在国内有很多大型物流企业都能够提供这类服务。“十二五”规划里也提到了要发展综合运输体系，可以肯定的是多式联运将成为未来国内货运的发展趋势。

6.1.1 我国多式联运现状

早在1962年，我国就出台了关于公路运输与水路运输联合运输的文件。随后，又相继出台了关于公路与铁路联合运输、铁路与水路联合运输等相关文件。1989年3月，国家科委批准的“七五”国家重点项目“国际集装箱运输系统（多式联运）工业性试验”，为推动我国集装箱运输的规范化和现代化及多式联运的快速发展起了良好作用。2000年后，我国加大了与国际多式联运的合作，先后与加拿大、美国等发达国家建立了合作关系，开展多式联运的合作与交流，为我国多式联运的成长与发展创造了条件。

目前，我国已开展的国际多式联运路线主要包括我国内地经海运往返日本内地、美国内地、非洲内地、西欧内地、澳洲内地等联运线以及经蒙古或苏联至伊朗和往返西、北欧各国的西伯利亚大陆桥运输线。

6.1.2 我国多式联运面临的问题

我国多式联运发展相比较于其他发达国家，还是相对落后、发展比较缓慢的，原因如下：

（1）对于集装箱运输的管理、内陆集装箱中转站、货物安全标准、国际船代、国际货运代理、海商法、国际集装箱多式联运管理规则、海关法规、海上国际集装箱电子数据交换协议规则和进出口业务流程规定等，我国还没有具体的专门规定。我国《中华人民共和国海商法》（以下简称《海商法》）和《中华人民共和国合同法》（以下简称《合同法》）虽然对多式联运作了规定，但仍不够完善，有待改进。

（2）与国外较为成熟的多式联运系统相比，我国的多式联运系统在“联”的方面还很欠缺。目前大量的集装箱是通过海运—公路联运连续运输。在联运中，只在上海、浙江、江苏和京津塘等沿海省市有海运—公路联运。联运单证也由船公司或其代理人签发，没有形成统一的多式联运经营人网络。

（3）广大内陆地区运输的货物以煤、铁、矿石等大宗原材料为主，适箱货源所占比重较低，用集装箱进行运输成本较高，对集装箱运输的需求尚不迫切。

（4）我国对运输的管制政策并不宽松，一些具体的运输政策与发展多式联运不适应，如运价定价权和管理权的相对集中，导致了运价与市场供求的不一致性；铁路自备车的存在造成价格双轨制和运输组织管理的困难；公路经营性运输和自营性运输管理费征收的不平等。这些问题都亟待解决。

6.2 国际多式联运

6.2.1 国际多式联运的概念

从1929年的《华沙公约》到1980年的《联合国国际货物多式联运公约》，国际多式联运的发展经历了由萌芽、成长到快速发展的漫长过程，集装箱的出现又将国际多式联运向前推进了一大步。根据1980年《联合国国际货物多式联运公约》以及1997年我国交通部和铁道部共同颁布的《国际集装箱多式联运管理规则》的定义，国际多式联运是指“按照多式联运合同，以至少两种不同的运输方式，由多式联运经营人将货物从一国境内接管货物的地点运至另一国境内指定地点交付的货物运输。”

“Inter – modal Transport”，“Multimodal Transport”，“Combined Transport”在汉语翻译中都可译为“多式联运”，由于“Multimodal Transport”比较准确地描述了多式联运的特点，因而被业内广泛使用，“International Multimodal Transport”一般译作“国际多式联运”。

6.2.2 国际多式联运的优势和局限性

1. 国际多式联运的优势

国际多式联运是未来国际货物运输发展的方向。国际多式联运的优越性主要表现在以下几个方面：

（1）简化托运、结算及理赔手续，节省费用。托运人只需办理一次托运，签订一份运输合同，缴纳一次保险，支付一次费用，省去托运人办理手续的诸多不便。

（2）缩短货物运输时间，减少货损货差，提高货运质量。保证了货物安全、迅速、准确、及时地运抵目的地，降低了货物的库存量和库存成本。

（3）提高运输管理水平，实现运输合理化。货物交由第一承运人以后，托运人即可取得货运单证，并据此结汇，因此缩短了结汇时间，这不仅有利于加速流动资金的周转，还可以减少利息的支出。此外，由于货物是置于集装箱，因此可相应地节省货物的包装、理货和保险等费用的支出。

（4）对货物运输全过程的控制有利于供应链管理。由不同的运输经营人共同参与多式联运，经营的范围得以扩展，同时现有设备可以最大限度地发挥其作用，组织合理化运输。

（5）运输过程中可以获得较大的运费收入。国外不同运输阶段的运费可以在国内结算，有利于增加本国收入。

（6）有助于引进新的先进运输技术，有利于环保。

2. 我国国际多式联运发展中的局限性

（1）全球运输网络有待建立和完善。

（2）基础设施设备尚需改进和完善。

（3）信息化技术水平需要提高。

（4）各种运输方式自成体系，区域间联合运输协调能力不够，难以统一规划和调度。

（5）集装箱货运站区域分布不合理。集装箱货运站主要分布在东部沿海地区，呈现运力过剩的现象；内陆缺少集装箱货运站，缺少配套设施设备，不能与集装箱运输系统协调运作。

（6）多数物流中心功能比较单一，无法提供国际多式联运服务，有待政府出台对国际多式联运发展的鼓励政策。

6.2.3 国际多式联运的经营条件

国际多式联运经营人不仅是订立合同的当事人，也是单证的签发人。在多式联运经营人履行多式联运合同所规定的运输责任时，可将全部或部分运输委托分承运人完成，并订立分运合同，但分运合同的承运人与托运人之间不存在任何合同关系。为了保证国际多式联运业务的稳定性，国际多式联运经营人必须具备以下条件：

（1）取得从事国际多式联运的资格；

（2）拥有国际多式联运线路以及相应的经营网络；

（3）与有关的实际承运人、场站经营人长期合作；

（4）拥有必要的运输设备，尤其是场站设施和运输工具；

（5）拥有雄厚的资金和良好的商誉；

（6）拥有符合规定要求的国际多式联运单据；

（7）具备经营国际多式联运线路的运价表。

国际多式联运经营人通常可以以独立经营、联营、委托运输等方式开展业务活动。几乎所有的国际多式联运企业都同时组合运用这三种经营方式，其中又以第一种与第三种方式的结合最为常见。

6.2.4 国际多式联运的组织形式和服务产品

国际多式联运必须是对一票货物采用两种或两种以上不同运输方式完成的国家间的连贯运输。不同运输方式具有不同优劣势。水路运输运量大，成本低；公路运输机动灵活，便于实现货物“门到门”的运输需求；铁路运输不受气候影响，可深入和横贯内陆，实现长距离运输；航空运输可以实现货物的快速交付。国际多式联运可综合利用各种运输方式的优点，充分体现社会化大交通的特点。

当前，具有代表性的国际多式联运有远东/欧洲，远东/北美等海陆空联运，其组织形式主要有如下类型：

1. 海陆联运

海陆联运是国际多式联运的主要形式之一。丹麦的马士基、瑞士的地中海航运、中国远洋运输公司、中国台湾的长荣航运公司等均经营远东/欧洲海陆联运业务。主要是以航运公司为主体，签发联运提单，与航线两端的内陆运输部门合作，开展联运业务，其竞争对手是陆桥运输。

2. 陆桥运输

陆桥运输（Land Bridge Service）是远东/欧洲或美洲国际多式联运的主要形式。陆桥运输指的是采用集装箱专用列车或卡车，把横贯大陆的铁路或公路作为中间“桥梁”，把大陆两端的集装箱海运航线与专用列车或卡车运输服务连接起来，形成连贯的运输方式。陆桥运输其实是一种海陆联运形式，远东/欧洲和美洲的陆桥运输线路有西伯利亚大陆桥和北美大陆桥。

（1）西伯利亚大陆桥

西伯利亚大陆桥（Siberian Landbridge，SLB）是世界上最长的一条陆桥运输线，其运输线全长 13000 千米，使用国际标准集装箱，将货物由远东海运到俄罗斯东部港口，再经跨越欧亚大陆的西伯利亚铁路运至波罗的海沿岸等港口，然后再采用铁路、公路或水运运到欧洲各地。

西伯利亚大陆桥运输包括“海—铁—铁”、“海—铁—海”、“海—铁—公”和“海—公—空”四种运输方式。使用这条陆桥运输线的经营者主要是日本、中国和欧洲各国的货运代理公司。

随着我国兰新铁路与中哈边境的土西铁路的接轨，一条新的“欧亚大陆桥”已经形成，为远东至欧洲的国际集装箱多式联运提供了又一条便捷路线。这些大陆桥运输服务对托运人有很大的吸引力。

（2）北美大陆桥

北美大陆桥（North American Landbridge）是利用北美的铁路从远东到欧洲的“海—陆—海”联运，包括美国大陆桥运输和加拿大大陆桥运输。美国大陆桥有两条运输线路：

①从西部太平洋沿岸至东部大西洋沿岸的铁路和公路运输线；

②从西部太平洋沿岸至东南部墨西哥湾沿岸的铁路和公路运输线。

北美大陆桥是世界上历史最悠久、影响最大、服务范围最广的陆桥运输线。从远东到北美东海岸的货物有50%以上是采用双层列车进行运输的，这种陆桥运输方式比采用全水方式通常要快1～2周。

在北美大陆桥强大的竞争面前，众多承运人开始建造不受巴拿马运河吃水限制的超巴拿马型船（Post－Panamax Ship）①，从而放弃使用巴拿马运河。

（3）其他陆桥运输形式

除了北美大陆桥运输形式，还有小陆桥运输（Minibridge）和微桥运输（Microbridge）等运输组织形式。

小陆桥运输从运输组织方式上看与大陆桥运输并无大的区别，只是其运送货物的目的地为沿海港口。北美小陆桥在缩短运输距离、节省运输时间上效果显著。以日本—美东航线为例，从大阪至纽约全程水运（经巴拿马运河）航线距离9700海里，运输时间21～24天。而采用小陆桥运输，运输距离仅7400海里，运输时间16天，可节省1周左右的时间。微桥运输与小陆桥运输基本相似，只是其交货地点在内陆地区。

除了以上类型，国际多式联运还有如图6－1所示的服务产品。

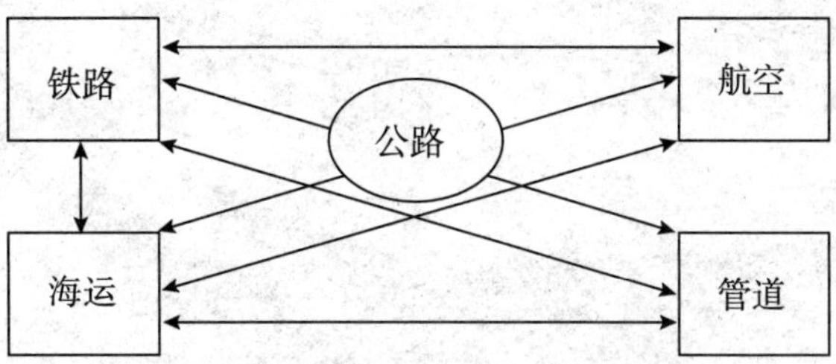

图6－1　国际多式联运的服务产品

3. 海空联运

海空联运又称为空桥运输（Airbridge Service）。空桥运输与陆桥运输的不同之处在于

① 见单元5内容。

空桥运输的货物通常要在航空港换入航空集装箱。目前，国际海空联运线主要有：

（1）远东—中南美；

（2）远东—欧洲；

（3）远东—中近东、非洲、澳洲。

总的来讲，运输距离越远，采用海空联运的优越性就越大。比全水运输时间短，比全空运费率低。因此，从远东到欧洲、中南美以及非洲的货物运输成为国际海空联运的主要市场。

4. 公铁联运

公铁联运不仅可以极大地满足现代物流发展的需要，同时可以有效地结合公路、铁路各自的优势，发挥铁路运输的准时、安全、费用低以及公路快速、灵活、服务到门的优势。同时避免了铁路运输速度慢、网点少、服务差；公路运输安全系数低、费用高和交通拥堵等缺陷。

驮背运输（Piggyback Transport）是一种公铁联运方式，是指将载运货物的公路拖车或集装箱直接开上火车，置于铁路平车上输送，到达目的地再从车板上开下，所以也称为平板车载运拖车（Trailer on Flatcar，TOFC），是各种拖车或集装箱相结合的产物。该运输方式运用于铁路货物运输领域，在北美和欧洲十分普遍。如图 6－2 所示。

图 6－2　铁路驮背运输

驮背运输的三种形式如下。

（1）拖车与挂车：货物装在挂车里，用拖车运到车站。在车站，挂车被装上火车的平板车厢，拖车与挂车分离。在目的地车站，再使用拖车将挂车拖运到收货人的仓库。

（2）挂车列车：挂车列车是一种公路和铁路两用的挂车，这种公铁两用挂车在公路上用自己的轮子挂在公路拖车后面行驶，到达火车站，将其在公路上行驶时使用的轮子收起来，放上火车轮架，就可以在铁轨上行驶。到达目的地后，又可以还原成公路运输工具，用公路拖车将其运到指定的仓库。

（3）铁公路：所谓“铁公路”就是自己有动力，能够行驶和自动装货的火车车厢，它不需要机车、吊车和转辙装置，而是自带一套独特的装货设备。

5. 陆空联运

陆空联运更普遍地被各国所采用，尤其是工业发达的国家、高速公路较多的国家，这种方式凸显其效率。陆空联运具有到货迅速、运费适中、安全保质、手续简便，并可以提前结汇。

除此以外，市场上还存在其他形式的国际多式联运。

6. 国际多式联运的运作环节

（1）确定国际多式联运路线和运输方式；

（2）多式联运经营人与分包方签订分包合同等；

（3）出运地作业；

（4）货物运输途中作业，包括跟踪监管、信息反馈、计算费用、集装箱跟踪、租箱还箱等；

（5）目的地作业；

（6）货运事故索赔与理赔等。

7. 国际多式联运费用构成

（1）运输总成本：包括集疏运费、港口费、海运运费、集装箱租赁费和保险费等；

（2）经营管理费：多式联运经营人与发货人、各派出机构、代理、实际承运人之间的单证传递费、通信费、单证成本和制单手续费等；

（3）经营利润：多式联运经营人预期从该线路的联运中获得的毛利润。

6.2.5 国际多式联运单证

《联合国国际多式联运公约》（以下简称《公约》）对多式联运单证的定义是：“国际

多式联运单证（Multimodal Transport Document，MTD）是指证明多式联运合同以及证明多式联运经营人接管货物并负责按照合同条款交付货物的单证。”该单证包括以下两部分：

（1）集装箱提单：为集装箱运输签发的直达提单、转船提单或联运提单。

（2）多式联运提单：经营人的单证格式大致相同，常见的有 FIATA 联运提单和波罗的海航运公会的多式联运提单等。这种提单主要用于集装箱多式联运，即全程运输由干线集装箱船、支线集装箱船、航空、铁路、公路、内河等不同运输工具协同完成时所签发的提单。

多式联运提单主要是由承担海运区段运输任务的承运人签发。如果贸易双方同意，并在信用证中明确规定，也可由其他运输区段的承运人签发，甚至可由只经营集装箱货运中的揽货、装箱、拆箱、内陆运输及内陆站或中转站业务而不经营船舶营运的所谓联运经营人（Combined Transport Operator）或无船承运人（NVOCC）签发。

6.2.6 相关国际多式联运公约和规则

（1）《联合运输单证统一规则》，国际商会（ICC）于 1973 年制定，作为民间规则，不具备强制性，须由当事人在多式联运合同中自愿采纳；

（2）《联合国国际货物多式联运公约》，于 1980 年 5 月获得通过，迄今未生效；

（3）《多式联运单证规则》，由联合国贸易和发展会议会同国际商会于 1991 年制定，属于民间规则，其不具有强制性，须由当事人在多式联运合同中自愿采纳。

6.2.7 国际多式联运经营人的责任制

1. 分割责任制

分割责任制是指多式联运经营人和各区段的实际承运人仅对自己区段的货物运输负责，各区段的责任原则按该区段适用的法律予以确定，多式联运经营人并不承担全程运输责任。该责任制目前应用较少。

2. 统一责任制

统一责任制是指多式联运经营人对货物灭失、损害负责赔偿的一种制度，按照该种形式的责任制，由签发多式联运单证的人对货物受损人按统一的责任限制负责赔偿。在能查清货物灭失损害实际发生的运输区段时，多式联运经营人在赔偿后，可向该运输区段的实际承运人追偿。

多式联运经营人对货主赔偿时不考虑各区段运输方式的种类及其所适用法律，而是对全程运输按统一的原则和约定的责任进行赔偿。《联合国国际货物多式联运公约》对采用统一责任制的主要规定如下：

（1）货物赔偿责任原则

《公约》以“推定过失”原则，来确定联运人的赔偿责任。联运经营人应对他的雇员、代理人和其他人员的过失负责；并进一步明确公约规定的过失原则是“完全的过失责任制”。

（2）货物赔偿的责任限制

《公约》对货物赔偿的责任限制作了统一的规定：海运时，货物每件折合 920 特别提款权，或按毛重每千克折合 2.75 特别提款权，以高者为准；不包括海运时，最高按每千克毛重折合 8.33 特别提款权计算①。如能确定货物损害发生的运输区段，而该区段所适用的国际公约或国内法又规定了较高的赔偿限额时，则应按照后者的有关规定办理。

（3）责任期间

《公约》关于责任期间的规定，原则上和《汉堡规则》相同，所不同的是联运经营人不得对其非履行的运输免责。

3. 网状责任制

所谓“网状责任制”，是指由签发多式联运单证的人对全程负责，但其损害赔偿的责任与统一责任制不同，是按造成该货损的实际运输区段的责任限制予以赔偿，在各运输区段中作为依据的法律有：

（1）公路运输——根据《国际公路货运公约》或内国法②；

（2）铁路运输——根据《国际铁路货运公约》或内国法；

（3）海上运输——根据《海牙规则》或内国法；

（4）航空运输——根据《华沙航空公约》或内国法。

目前，大多数国家的多式联运经营人均采用网状责任制。按照国际惯列，只有当多

---

① 《联合国国际多式联运公约》第十八条。

② 内国法是相对于外国法而言的，通常就是指颁布法律的那个国家自己的法律。内国法是以第三方的视角看待法律的国家归属性，而本国法则是将本身置于法律约束的范围之中。

式联运合同中明确规定采用这个规则时，该规则才对当事人有约束力。该规则的主要赔偿责任基础采用“推定过失责任制”。多式联运经营人的赔偿责任限额实行“网状责任制”。

6.2.8 我国《海商法》关于多式联运合同的特别规定

按照我国的《海商法》，联运经营人的赔偿责任和责任限额，如果能确定货物灭失或损坏发生的运输区段，则适用《海牙—维斯比规则》第 105 条：“货物的灭失或者损坏发生于多式联运某一区段的，多式联运经营人的赔偿责任和责任限额，适用调整该区段运输方式的有关法律规定。”也即实行“网状责任制”。如果不能确定货物灭失或损坏的运输区段，则适用《海牙—维斯比规则》第 106 条：“货物的灭失或者损坏发生的运输区段不能确定的，多式联运经营人应当依照本章关于承运人赔偿责任和责任限额的规定负赔偿责任。”

6.2.9 国际多式联运纠纷案例

原告（上诉人）：A 经贸有限责任公司

被告（被上诉人）：B 国际联运货运代理公司

【原告诉称】

2001 年 6 月 8 日，原告与被告签订了多式联运合同，约定由被告对全程运输负责。原告将货物交付给被告，被告于 2001 年 6 月 26 日签发了联运提单，装货港为天津，交货地点为朝鲜新义州。货物运至朝鲜新义州后，被告在买方朝鲜 C 公司无货运提单的情况下，由该公司将货物提走，使原告无法收回货款。因此请求判令被告赔偿原告货款损失100000 美元及利息。

【被告辩称】

双方签订了多式联运合同后，被告签发了联运提单，但原告于 2001 年 6 月 20 日向被告签署声明，声明中称：本运输合同唯一收货人是朝鲜 C 公司，并宣布提单“仅作为议付单据（For Negotiate Only）”。因此提单在本案中仅仅是结汇单据，丧失了物权凭证的效力，原告不享有依据该提单向承运人提取货物的权利。

【一审查明的事实】

2001 年 10 月 30 日，原告与朝鲜 C 公司签订出口 9.6 万米，货值为 100000 美元的白棉布销售合同。

2001 年 6 月 8 日，原告向被告出具了货物进出口委托书，内容为：发货单位 A 经贸有限责任公司，收货人朝鲜 C 公司，装货港天津，卸货港朝鲜新义州，货名白棉布。同日，原、被告双方签订了多式联运合同。

2001 年 6 月 20 日，应被告要求，原告向被告出具了声明，声明内容为：指定朝鲜 C 公司为唯一收货人，提单只作为议付单据。

2001 年 6 月 26 日，被告签发了联运提单，该提单托运人提供细目一栏中注有“仅作议付用”字样。被告将本案货物从天津港经海运至大连后转公路运至丹东，在丹东转铁路运至朝鲜新义州。

2001 年 6 月 28 日，将货物交付朝鲜 C 公司。原告持提单结汇时因单据不符被银行退回，未能得到货款。

【一审判决理由及结果】

一审合议庭认为，构成承运人因无单放货而承担责任的基础，在于提单具有承运人保证据以交付货物的物权凭证这一功能，而本案所涉提单，因双方在运输合同中的约定即提单“仅作议付用”，已丧失了作为交付凭证和物权凭证的功能。因此，被告按照联运合同的约定，将货物交付合同指定的收货人后，原告以被告无单放货为由，要求被告对其不能收回货款承担责任，其理由显属不当，不应支持。为此一审判决驳回原告诉讼请求。

原告不服，提起上诉。上诉理由：①被上诉人只是声称已正确履行了交付义务，却从未提供足以证明其主张的相关证据；②本案所涉货物运输完全符合《海商法》，而一审法院因为货物的最终运输段是铁路运输，就适用了《铁路运输规程》，属于适用法律错误。

【二审判决理由及结果】

二审认定的事实与一审基本相同。不同的是二审未确认被告已将货物交付朝鲜 C 公司，只是查明被告将本案货物从天津港经海运运至大连后转公路运至丹东，同年 6 月 27 日在丹东将货物交付其丹东分公司进行铁路运输，铁路运单载明从丹东运至朝鲜新义州，收货人为朝鲜 C 公司。

二审认为，上诉人与被上诉人之间存在着多式运输合同关系，被上诉人作为承运人的责任期间应是自接收货物时起至交付货物时止的全程运输。货物装船后，承运人签发了联运提单，提单正面注明：仅作议付用，因此该提单不再具有物权凭证的效力，承运人交付货物应凭托运人的指令。

本案中，涉案提单最终未能流转，而为托运人所持有，故提单项下货物的所有权仍为托运人所享有，承运人应按照与托运人的约定交付货物。由于在提单签发前上诉人出具了声明，宣布提单只作为议付单据，涉案货物的唯一收货人为朝鲜 C 公司，因而被上诉人应将货物交付给指定收货人。

对于涉案货物是否已交付指定收货人，被上诉人主张，上诉人在原审起诉状中已做过“被告在收货人朝鲜 C 公司无货运提单情况下，无单放货，任由该公司将货提走”的陈述，因此货物已交付指定收货人的事实无须举证。

但法律所规定无须举证的案件事实应是公理或者当事人明确表示承认的事实。对于本案所涉货物是否已交付指定收货人的事实，上诉人在原审庭审中并未明确表示承认，二审中又提出起诉状中所称“货物被朝鲜 C 公司提走”是据被上诉人与其丹东分公司告知，并不了解货物的真正去向，故不构成无须举证的事实。

被上诉人提供的铁路运单只能证明其将货物交付铁路运输，却不能证明将货物交付给了指定收货人，因此被上诉人要承担此项举证不充分的法律后果。为此二审判决：撤销一审判决，改判被上诉人赔偿上诉人的货物损失 100000 美元。

被告（被上诉人）向最高人民法院申请再审。理由是：①原告在一审中已承认货物交付给了实际收货人朝鲜 C 公司。②二审中被告已提交中国和朝鲜铁道部门的证据证明货物已交实际收货人，但二审以被告举证超过举证时限及证据未经公证、认证为由，对被告所提证据不予认定。

【再审判决理由及结果】

再审认定的事实与一审基本相同。再审认为，根据本案中多式联运单证——提单的记载，本案的装港为天津港，交货地点为朝鲜新义州，本案应为国际多式联运合同纠纷。本案多式联运合同和提单背面均约定适用中华人民共和国的法律。故本案应当以中华人民共和国的法律作为调整当事人之间法律关系的准据法。

《海商法》是调整海上运输关系和船舶关系的法律。但我国《海商法》第二条第二款规定“本法第四章海上货物运输合同的规定，不适用于中华人民共和国港口之间的海上货物运输”,《海商法》规定的多式联运要求其中一种运输方式必须是国际海上运输。因此,本案不适用《海商法》的规定,应适用《中华人民共和国合同法》。

我国《合同法》第三百一十七条规定:多式联运经营人负责履行或者组织履行多式联运合同,对全程运输享有承运人的权利,承担承运人的义务。因此,被上诉人作为本案多式联运合同的承运人应当对本次全程运输承担承运人的责任,将货物安全运输到约定的地点。

我国《合同法》第三百二十一条规定:货物的毁损、灭失发生于多式联运的某一运输区段的,多式联运经营人的赔偿责任和责任限额,使用调整该区段运输方式的有关法律规定。货物毁损、灭失发生的运输区段不能确定的,依照本章规定承担损害赔偿责任。本案纠纷发生在货物交付阶段,最后的运输方式是丹东至新义州的铁路运输,故应适用有关铁路运输的有关法律规定。中朝两国虽然均为《国际铁路货物联运协定》的参加国,但是该协定第二条第三项第三目规定:两邻国车站间,全程都用一国铁路的列车,并按照该路现行的国内规章办理货物运送的,不适用该协定,故该协定不适用于本案。现有铁路运输法律法规中亦无承运人有收回正本单据义务的规定。

本案双方当事人签订的多式联运合同、提单等均合法有效,货物出口委托书和上诉人签署的声明均可以作为合同的组成部分,其中的提单为不可转让的单据。依据合同中关于朝鲜 C 公司为收货人、“唯一收货人为朝鲜 C 公司”的约定,被上诉人仅负有将货物交付朝鲜 C 公司的合同义务。故上诉人主张被上诉人负有收回正本提单的义务依据不足。

关于被上诉人是否按照约定已将货物交给朝鲜 C 公司的事实,一审中双方当事人未就此事实发生争议。二审中,上诉人改变其在一审中诉承运人无单放货的主张,提出被上诉人只是声称已正确交付货物,但从未提供证据加以证明,二审认为被上诉人举证不充分,不能证明货物交给了朝鲜 C 公司。

最高法院认为,根据我国《民事诉讼法》第六十四条第一款的规定:当事人对自己的主张,有责任提供证据。因此,此事实的举证责任在上诉人。二审对此举证责任分配不当,另外给予当事人的举证时间不合理。被上诉人提供的经铁道部有关部门出具的加盖发电专用章的电报,证明货物已经由铁路运输交付给收货人,该证据支持了被上诉人的主张。因此,被上诉人已经履行了运输合同约定的义务,对于上诉人的货款损失不应承担责任。依据我国《民事诉讼法》第一百八十四条、第六十四条,《合同法》第三百一十七条、第三百二十一条的规定做出判决，撤销二审判决，维持一审判决。

6.3 小结

国际多式联运是指按照多式联运合同，以至少两种不同的运输方式，由多式联运经营人将一票货物从一国境内接管货物的地点运至另一国境内指定地点交付的货物运输。本单元讨论了国际多式联运的概念，国际多式联运优劣势，国际多式联运的基本条件，重点讨论了国际多式联运的基本形式。还讨论了经营人从事国际多式联运的经营条件、相关单证以及经营人的责任界定。案例的提出有助于读者对国际多式联运有更深层次的理解。

6.4 思考题

1. 简述我国多式联运现状。
2. 国内和国际多式联运有何不同?
3. 国际联运有哪些形式?
4. 简述路桥的形成和服务。
5. 简述国际多式联运经营人的责任。
6. 简述国际多式联运中的网状责任制内容。
7. 从第三方物流企业的角度简述如何满足不同的联运需求。

单元1 货物运输概述

单元2 公路货物运输

单元3 铁路货物运输

单元4 航空货物运输

单元5 水路货物运输

单元6 多式联运

单元7 货物运输单证和风险管理

单元7　货物运输单证和风险管理

学习目标

通过本单元的学习，你应能够：

1. 了解运输单证的定义和运输合同
2. 熟悉国内外运输单证的种类和管理
3. 了解各个当事人所涉及的单证
4. 掌握运输当事人的风险管理
5. 掌握运输单证的管理
6. 了解不可抗力的含义
7. 掌握海运运价结构
8. 掌握海运货物保险
9. 掌握《通则2000》中与运输有关的风险

7.1 货物运输单证和风险管理的概念

7.1.1 货物运输单证

广义的单证指各种文件和凭证，狭义的单证在本单元就是运输单证。运输单证是国内和国际运输操作中应用的单据、文件和证书等。当事人凭借这些文件来进行国内国际货物运输的管理，如委托、签约、承运、通知、支付、商检、保险和结汇等。具体来说，运输单证有海运提单、海运单、租船合约、多式运输单据、航空运单（主单和分单）和铁路货票等。其中，有的是物权凭证，有的不是。

虽然单证种类繁多，但每份单证的内容并不复杂，也不难缮制，关键是要分清楚单证在实际工作中的作用。本节讨论的内容以国内外运输作业中主要使用的文件和单证为主。

7.1.2 风险管理

在大多数情况下，风险是指某种不确定因素产生的结果。这种结果对于当事人不利，更不是当事人所期盼的。风险包括发生不幸的可能、各种危险的集合、无法预知和损失的可能等。

风险时时存在。了解风险是获得成功的保证。本单元主要讨论货物运输当事人在工作中可能遇到的管理方面的风险。了解这些风险，是为了在实际操作中尽可能的规避，进而获得更大的竞争优势。

7.2 货物运输涉及的单证

7.2.1 货物运输合同

运输合同包括的范围很广，这里主要对公路、铁路、航空和水路运输的主要合同进行讨论。

1. 公路运输合同

公路运输合同规定了委托人和公路运输承运人之间的责任和义务，受《中华人民共和国合同法》的约束。我国很多运输公司其实就是一种代理公司或负责配货的“信息部”，或称“配货站”，或“物流中心”等。这类公司实际是运输的组织者，不是实际的承运人，主要业务是从托运人那里揽到货源，再交给合适的承运人承运。托运人和这类公司签订的运输合同也受《中华人民共和国经济合同法》的约束。①

2. 铁路运输合同

经国务院批准，由铁道部发布，自 1987 年 7 月 1 日起施行的《铁路货物运输合同实施细则》是订立铁路运输合同的依据。②

3. 航空运输合同

航空运输合同对货物和当事人都作了规定，受《中华人民共和国合同法》的约束。个体经营者、个人与航空运输承运人签订的国内航空运输合同，可参照执行。

4. 水路运输合同

水路运输合同规定了委托人和水路运输承运人之间的责任和义务，受《中华人民共和国合同法》的约束，并按照国家海上运输管理规定的要求执行。

5. 国际货物运输委托代理合同③

国际货物运输委托代理合同是委托人和代理人之间签订的代理委托协议。国际货运代理的基本特点是受委托人委托或授权，代办各种国际贸易和运输所需要服务的业务，并收取一定报酬，作为独立的经营人完成并组织货物运输及保管等业务的费用。

6. 国际海上货运合同

国际海上货运合同是指承运人与托运人之间签订的，由承运人负责将货物由一港经海路运至另一国的港口，交由收货人，由托运人（或收货人）支付运费的协议。国际海上货运合同大致可分为两种：一种是班轮运输合同，另一种是租船运输合同。

① 公路运输合同范本见附件 6。
② 铁路运输合同范本见附件 7。
③ 国际货物运输委托代理合同范本见附件 9。

7.2.2 国内外运输单证

1. 可抵扣增值进项税的运输发票

根据我国现行增值税政策规定，增值税一般纳税人在生产经营过程中所发生的运输费用，准予抵扣。准予抵扣的运费是指国营铁路、民用航空、公路和水路运输单位以及从事货物运输的非国有运输单位开具的套印全国统一发票监制章的发票上注明的费用。

凭运费结算单据所列运费金额依7%的扣除率计算抵扣进项税额，操作如下：

销售方：

借：营业费用——运费，应交税金——应交增值税——进项税额

　贷：现金（在委托运输公司承运时才抵扣）

购买方：

借：原材料（增值税发票上的不含税价＋运费金额×0.93）

　　应交税费——应交增值税（进项税额）　（增值税发票上的税金＋运费金额×0.07）

　贷：银行存款等（增值税发票上的含税总价＋运费）

托运人在委托运输时，要特别注意以下情况：

（1）可以抵扣的运费范围；

（2）准予抵扣的运费结算单据的范围；

（3）申报抵扣的时间；

（4）审核货运发票内容是否齐全、真实；

（5）承运单位是从事货物运输的企业，如铁路、民用航空、公路和水路运输等，并非代理。

2. 公路运输单证

根据我国《公路运输统一单证使用和管理规定》，我国公路运输统一单证包括：

（1）公路运输业经营许可证（含副本公路运输营运证）；

（2）行车路单；

（3）客货运输票证。

这些单证由交通部统一制定格式，省、自治区、直辖市公路运政管理部门（以下简称

运管部门）负责印刷、发放和管理。托运人在委托运输时，可以据此审查承运人有无提供这些单证的能力。这些单证不可作为物权凭证使用。

3. 铁路运输单证

铁路运输单证类型有两种：

（1）国际货协—运单（慢运）

当通过国际铁路办理货物运输时，在发运站由承运人加盖日戳签发的运单叫“铁路运单”。铁路运单是由铁路运输承运人签发的货运单据，是收、发货人同铁路部门之间的运输契约。该单证由铁路货运代理缮制，一式五份，内容相同，各份单证名称为：

运单正本（第一联）、运行报单（第二联）、运单副本（第三联）、货物交付单（第四联）、货物到达通知单（第五联）。

通常操作方法：

第一、五联：两联连在一起，随货物同行，交给收货人；

第二、四联：两联连在一起，随货物同行，交给到达站；

第三联：交给发货人。

铁路运单只是运输合约和货物收据，不作为物权凭证，但在托收或信用证支付方式下，托运人可凭运单副本办理托收或议付。

（2）货票

货票由铁路部门缮制（如北京铁路局），一式一份，是铁路承运人与铁路货运代理之间的发票。

①铁路货票。铁路货票由提供货物运输劳务的铁路运输单位开具，按《国家税务总局关于货物运输业新办企业所得税退税问题的通知》（国税发〔2006〕67 号）文件填开。增值税抵扣比例与公路运输发票相同。

如果托运人委托货运代理运输，铁路货票由承运的铁路路局开给货运代理，货运代理开给托运人货运发票，该货运发票属于服务性质的发票，不可以用来抵扣增值税。

铁路货运代理的发票虽然不能用于增值税抵扣，但是由于一级铁路货运代理可以申请要车计划，而托运人可能因为托运的货量比较小，其托运要求无法列入要车计划，所以要求助于货运代理，这就成为铁路货运代理的揽货优势。为了得到货车，有的托运人也接受不能进行增值税进项抵扣的货运代理发票。

②国际铁路货物联运运单（Railway Bill）。国际铁路联运是指由两个或两个以上不同国家铁路当局联合起来完成一票货物从出口国向进口国的全程运输。此运单正本从始发站随同货物附送至终点站并交给收货人，是铁路同托运人之间交接货物、核收运杂费用、处理索赔与理赔的依据。运单副本是卖方凭以向银行结算货款的主要证件。

③承运货物的收据。通过铁路对港、澳出口货物时，由于国内铁路运单不能作为对外结汇的凭证，故使用“承运货物收据”这种特定性质和格式的单据。承运货物收据既是承运人出具的货物收据，也是承运人与托运人签订运输契约的证明。承运货物收据只有第一联为正本，反面印有“承运简章”，载明承运人的责任范围。

4. 航空运输单证

（1）空运合同

根据我国《航空货物运输合同实施细则》的有关规定，托运人利用航空运输方式运送货物时，承运人有权要求托运人填写航空货运单，托运人应当向承运人填交航空货运单，并根据国家主管部门规定随附必要的有效证明文件。

根据《统一国际空运某些规则的公约》（以下简称《华沙公约》）第六条第一款和第五款规定，空运单应当由托运人填写，承运人或者空运货运代理人根据托运人的要求填写航空运单（Air Way Bill，AWB）的，在没有相反证据的情况下，应当视为代替委托人填写，托运人要以托运书（Shiper’ s Letter of Instructions）的方式予以授权。目前的做法是托运人通常委托空运货运代理代填。

托运人对航空货运单上所填内容的真实性和正确性负责。托运人（或委托空运货运代理）填交的航空货运单经承运人接受，并由承运人填写后，航空货物运输合同即告成立。航空运单是一种运输合同，不可转让。与海运提单不同，它不作为物权凭证，也不能以交出运单作为提货的条件。

托运人还可以与承运人订立包机运输合同。托运人要求包用飞机运输货物，应填写包机申请书，经承运人同意接受并签订包机运输协议书后，航空运输合同即告成立。

（2）航空运单的种类

①航空公司签发的运单俗称主运单（Master Air Waybill，MAWB），由航空公司或其代理签发给空运货运代理；

②空运货运代理签发的运单俗称分运单（House Air Waybill，HAWB），由空运货运代

理签发给托运人。

（3）航空运单的作用

①承运合同；

②货物收据；

③运费账单；

④承运人处理货物装卸、运送及交货的依据；

⑤报关凭证；

⑥货物的保险证明单；

⑦承运人内部处理业务的依据。

（4）航空运单的填写和分类

①集中托运时，运单上面的托运人是货运代理；直接托运时，运单上面的托运人是托运人。有时承运人要求托运人提供账号，以便在收货人拒付运费时向托运人索偿；在信用证结汇方式下，运单上面的托运人按信用证的受益人内容填写；托运危险货物时，运单上必须填写实际托运人，航空公司不接受货运代理对危险品的托运。

②航空货运单证主要分为航空主运单和航空分运单。航空主运单是航空公司（或其订舱代理）和托运人（这里的托运人可以是空运货运代理公司，也称集中托运人）订立的运输合同，是空运货运代理公司据以办理货物运输和交付的依据；航空分运单是空运货运代理办理集中托运业务时签发的航空运单，是空运货运代理与托运人之间的货物运输合同。

5. 水路运输单证

（1）托运单（Booking Note，B/N 或 Shipping Instruction）

托运单又称“委托书”、“订舱单”或“委托申请书”，是托运人根据贸易合同和信用证条款内容填制的，向承运人或其代理办理货物托运的单据。国内有时用“委托申请书”代替，是指托运人根据买卖合同和信用证的有关规定或其代理人向承运人办理货物运输的书面凭证。托运单一经承运人或其代理人的确认，承运人与托运人之间对货物运输的相互关系即告建立。

（2）装货通知（Shipping Order，S/O）

装货通知又称“装货单”或“关单”，是由托运人按照托运单的内容填制后交承运人或其代理人。经承运人或其代理人签章后成为货物已办妥托运手续的凭证，又是通知船上接收承运货物装船的凭证，还是货主凭以向海关办理出口货物申报手续的主要单据之一，所以装货单又称“关单”。

对托运人来说，装货通知是办妥货物托运的证明；对船公司或船代来说，装货通知是通知船方接受装运该货物的指示文件；对海关来说，装货通知是加盖放行章表示该货物可以出口的许可证明。

（3）收货单（Mate's Receipt，M/R）

收货单又称“大副收据”，是指某一票货物装上船后，由船上大副签署给托运人的作为证明船方已收到该票货物并已装上船舶的凭证。托运人取得了大副签署的收货单后，即可凭以向船公司或其代理人换取正本已装船提单。

（4）装货清单（Loading List，L/L）

承运人根据装货单留底，将全船待装货物按目的港和货物性质归类，依航次和靠港顺序编制的装货单汇总清单，是船上大副编制配载计划的主要依据，又是供现场理货人员进行理货，港方安排驳运，进出库场以及承运人掌握情况的业务单据。

（5）载货清单（Manifest，M/F）

载货清单是一份按卸货港顺序逐票列明全船实际载运货物的汇总清单。它是在货物装船完毕后，由船务代理根据大副收据或提单编制的，编妥后再送交船长确认。载货清单又称“舱单”，其内容除应逐票证明货物的明细情况外，还应记明船名及国籍、开航日期、到货港和目的港等项内容。船舶办理进出口报关手续时，必须递交载货清单，载货清单是海关对船舶所载货物进出境进行监管的单证。

（6）（集装箱）装箱单（Container Load Plan，CLP）

装箱单是记载装箱货物的具体装运资料、交付方式以及箱内积载（自里至外）顺序的单证。每一个载货集装箱都必须制作装箱单。整箱货交付时，装箱单由托运人缮制；拼箱交付时，则由集装箱货运站（货运代理）缮制。装箱单上所记载的货运资料必须与订舱单及港站收据上所记载的内容一致。

（7）危险品清单（Dangerous Cargo List）

危险品清单是专门列出集装箱内所载危险品的汇总单。托运人在托运危险品货物时，必须根据有关危险货物运输和保管的规章，如《国际海运危险货物规则》（以下简称《国际危规》)，事先向承运人或船长提交危险品清单。

（8）冷藏集装箱清单（Reefer Container List）

冷藏集装箱清单是装载冷藏货物的冷藏集装箱的汇总清单。托运人在托运这类货物时，须逐箱地填列货物的名称和制定的温度范围，以便承运人和集装箱货运站或集装箱作业区堆场的经营人对这类货物的温度控制和保管要求给予充分的注意。

（9）港站收据（Dock Receipt，D/R）

港站收据又称“下货纸”或“码头收据”，是承运人委托集装箱装卸作业区、集装箱堆场、集装箱货运站或内陆站在收到整箱货或拼箱货后签发的收据。该收据通常由托运人或其代理人根据船舶公司或其他运输经营人规定的格式填制，并随货物一起运至集装箱码头堆场或集装箱货运站，由接收货物的人在收据上签字后经货运代理交还给托运人，以证明托运的货物已收到。

港站收据一般为一式七份，也有的为一式九份，即在通常的一式七份的港站收据中再增加运费收据联和卸货港副本联各一份，所有各联内容基本相同，用途不同，现将各联的用途分述如下：

①港站收据联（Dock Receipt）：该联相当于普通货物运输中的大副收据，是托运人换取提单的依据；

②发货人副本联（Shipper's Copy）：该联是发货人送交代理签单确认后自留的副本；

③通知船长联（B/L Master）：该联相当于货运代理签发的装货通知（S/O），由船方保存；

④海关副本联（Custom's Copy）：该联是海关凭以验关、放行使用的副本；

⑤场、站副本联（CY CFS Copy）：该联由集装箱码头堆场或集装箱货运站留存；

⑥代理行副本联（Agent's Copy）：该联由代理公司签发提单的部门保存，可据以重新缮制提单副本；

⑦运费计算联（Freight Calculation Copy）：该联由代理公司计算运费的部门使用；

⑧运费收据联（Freight Receipt）：该联是代理公司用于运费收取通知的副本；

⑨卸货港副本联（Discharging Port Copy）：该联由装船港代理交卸船港代理使用的副本。

（10）提单（Bill of Lading，B/L）

提单是承运人或其代理人签发给托运人，证明货物已经收到，并保证在目的港凭以交付货物的书面凭证。

提单在运输中是一份十分重要的单证，具有规定承运人的权利、义务、赔偿责任和免责的运输合同的作用，又是表明承运人收到货物的货物收据，也是提单持有人转让货物所有权或凭以提取货物的物权凭证。

（11）设备交接单（Equipment Dispatch Order，EDO）

设备交接单是承运人指示集装箱堆场将空集装箱及其他设备提交给本单持有人的书面凭证。

（12）订舱清单（Booking Note List）

订舱清单是承运人或其代理人根据众多的订舱单及订舱单上记载的内容，分别按不同的货物交接地、装卸地汇总的一览表。在实际运作过程中，该单证与托运人关系不大。

（13）发票

发票是指出口方向外国进口方证明已正当地履行了贸易合同的有关货物运输的明细表。发票会因不同的出口人和出口货物而采用不同的格式，但其基本内容均应包括：货物名称、件数、货物标志、重量、价格、总额、外汇数额、内容、包装说明、容积、重量以及贸易合同条款和运输注意事项。发票又可分为两种，即商业发票和海关发票。

（14）报关单证

报关单证是指出口货物的发货人或进口货物的收货人或其他的代理人在向海关申报时须出具有关批准货物进出口的证明、文件及有关的货运单据等资料，以便海关审核货物进出口是否合法，并确定和征收相应的关税，编制海关统计表。

有时，随同报关单向海关递交的单证有对外贸易管理部门签发的进出口许可证和国家规定的其他批准文件、装货单、提货单、运单、发票、装箱单及减税、免税或免验的证明文件等。

（15）卸货报告（Outturn Report，O/R）

卸货报告又称为“货物确卸报告”（Definite Outturn Report）或“卸货记录”（Discharging Statement），其作用都是作为卸货证明。卸货报告实际上是一份更为详细的进口载货清单，是根据船舶进口卸货提供的进口卸货清单和在卸货港卸下全部货物的情况重新按票汇总而缮制的。

对集装箱运输来说，卸货报告是集装箱堆场或集装箱货运站经营人在交付货物后，将交货记录中记载的批注，按不同装载的船名，分别编制的表明交货状态的批注的汇总清单。

（16）货物残损单（Broken & Damaged Cargo List）

货物残损单是我国港口在卸货时惯用的作为卸货交接证明的单证。货物残损单是在卸货完毕后，由理货管理人根据现场理货人员在卸货过程中发现货物的各种残损情况的记录汇总编制成的，用于表明货物残损情况的证明。

（17）货物溢短单（Overlanded & Shortlanded Cargo List）

货物溢短单是我国港口在卸货时惯用的作为卸货交接证明的单证。货物溢短单是在卸货时，对每票货物所卸下的数量与载货清单上所记载的数量不相符（发生溢卸或短卸）情况下，待船舶卸货完毕，清理货物数量后，由理货管理人汇总编制的，用于表明货物溢出或短缺的情况。

（18）提货单（Delivery Order，D/O）

提货单是收货人或其代理人据以向集装箱码头堆场或集装箱货运站提取货物的凭证。虽然收货人或其代理人提取货物是以正本提单为交换条件的，但在实际业务中，则由收货人或其代理人先向承运人在卸货港的换单代理人（船务代理）交出正本提单，再由其向收货人或其代理人签发一份提货单，收货人或其代理人凭这张单证到指定的堆场或箱站提取货物。

（19）到货通知（Arrival Notice）

到货通知是承运人或其在卸货港的代理人向提单上记载的“通知人”（Notify Party）或收货人发出的装货船舶的预定入港日期和货物详细情况的书面通知。

（20）提货通知（Delivery Notice）

提货通知是承运人或其代理人在集装箱卸入集装箱堆场，或移至集装箱货运站，并办好交接准备后向收货人以书面形式发出的要求收货人及时提取货物的通知。提货通知是关于交货日期的通知，也是计收货物保管费的依据。

（21）交货记录（Delivery Record）

交货记录是集装箱堆场或集装箱货运站在向货主交付货物时，用以证明双方间已进行货物交接和载明货物的交接状态的单证。通常都是在签发提单的同时，将交货记录交给收货人供提货时使用。

（22）待提集装箱/货物报告（Report of Undelivered Container /Cargo）

待提集装箱/货物/报告是集装箱堆场或集装箱货运站经营人编制并交送承运人的，用于表明经过一段时间尚未疏运的，仍滞留在堆场或货运站中的重箱或货物的书面报告。承运人据以向收货人发出催提货物的通知，以利于加快集装箱的流通。

6. 提单（Bill of Lading，B/L）

在涉及海运的所有单据中，提单是最重要的单证，种类最多，处理起来最复杂。由于涉及提单的风险很大，所有当事人都要予以特别关注的单证。下面详细讨论这一重要单证。

（1）提单的功能

①货物收据。当货物装船后，承运人根据收货单或场站收据签发的“已装船提单”虽然不是货物的原始收据，但却是根据货物的原始收据签发的单证，所以具有货物收据的功能。

②物权凭证。提单是承运人保证凭以交付货物和可以转让（记名提单除外）的物权凭证。按照航运习惯和法规，谁占有提单就是谁占有了该提单上所记载的货物，就拥有向承运人要求交付货物的请求权。另外，提单可以不经承运人的同意而转让，体现了提单的可转让性，确立了提单物权凭证的功能。

③运输合同的证明。提单是海上货物运输合同成立的证明。但是，当提单转让给第三者后，提单就构成了运输合同。

（2）提单的种类

①按货物是否已装船为标准可分为已装船提单（On Board or Shipped B/L）和收货备运提单（Received for Shipment B/L）。已装船提单是货物装上船后签发的提单。收货备运提单是承运人已收货物但尚未装船时向托运人签发的提单。

②按提单上收货人的抬头为标准可分为记名提单［Named（Nominate）B/L］、指示提单（Order B/L）、不记名提单（Blank B/L 或 Open B/L）。记名提单是指填有特定收货人名称的提单。货物只能由提单上注明的收货人收取，收货人不能以背书或其他方式转让，又称“不可转让提单（Non - negotiable B/L ）”。指示提单是在收货人栏内仅填写“凭指示（to Order）”或“凭某人指示（to Order of... ）”字样的提单，它可背书转让，背书有

“空白背书（Blank Endorsement）”和“记名背书（Special Indorsement）”两种。不记名提单不填写收货人名称，或仅在收货人栏填写“交与持票人”字样，又称空白提单。

③按提单对货物有无外表不良批注为标准划分为清洁提单（Clean B/L）与不清洁提单（Foul B/L）。清洁提单是提单上没有货物外表包装不良或货物残损批注的提单。不清洁提单是提单上有“包装不良”或“货物有缺陷”等不良批注的提单。

④以运输方式为标准划可分为直达提单（Direct B/L）、转船提单（Transhipment B/ L或 Transhipment B/L）和联运提单（Through B/L）。直达提单是自货物装船后，由装运港直达目的港，中途不得转船的提单。转船提单是指规定在中途港换船的提单。联运提单是指采用联合几种运输方式对一票货物连续运输的提单。提单由第一承运人签发，包括全程运输，并收取全程费用。

⑤按签发提单的时间划分为倒签提单（Anti - date B/L）、顺签提单（Post - date B/L）和预借提单（Advanced B/L）。由于货物实际装船完毕日期迟于信用证规定的装运日期，若仍按实际装船日期签发提单，则影响结汇，为了使签发提单日期与信用证规定的装运日期相吻合，以便结汇，承运人应托运人的要求，在提单上仍按信用证规定的装运日期签发，这种提单称为“倒签提单”，倒签提单显示的时间比实际装船时间要早，所以称倒签提单。反之，则称为顺签提单。预借提单一般是在货物装船后，船舶离港前，承运人应托运人的申请签发提单。

⑥按收费方式划分为运费预付提单（Freight Prepaid B/L）、运费到付提单（Freight Collect B/L）和最低运费提单（MinimumB/L）。运费预付提单是指成交价格条款为 CIF、CFR 时，托运人按规定要在开船前预付运费，在这种情况下出具的提单为运费预付提单；运费到付提单是指成交价格条款为 FOB 时，运费为到付，即货到目的港时，付清运费后收货人可提货；最低运费提单是对每一提单上的货物按起码运费标准收取运费的提单。

⑦其他各种特殊提单。此类提单包括运输代理提单、并提单、分提单、交换提单、舱面货提单、包裹提单、集装箱提单、租船合约提单、租船合同提单和船东提单等。这些提单有的已经退出市场。

（3）提单的内容

①货物的品类，辨认货物必需的主要标志，如属危险品，对货物的危险特性所作的明确说明，包数或件数及货物的重量或以其他方式表示的数量等，所有这些项目均由托运人

提供；

②货物的外表状况；

③承运人的名称和主要营业所；

④托运人的名称；

⑤如托运人指定收货人时，收货人的名称；

⑥海上运输合同规定的装货港及承运人在装货港接管货物的日期；

⑦海上运输合同规定的卸货港；

⑧如提单正本超过一份，列明提单正本的份数；

⑨提单的签发地点；

⑩承运人或其代表的签字；

⑪收货人应付运费金额或由收货人支付运费的其他说明；

⑫如属舱面货，货物应该或可以装在舱面上运输的声明；

⑬如经双方明确协议，应列明货物在卸货港交付的日期或期限；

⑭协议增加的赔偿责任限额。

集装箱提单一般都应注明上述各项内容，如缺少其中一项或两项并不影响货物运输和当事人各方之间的利益，集装箱提单仍然有效。同时，除按规定的内容填制外，双方还可以根据实际需要和要求，在不违背提单签发国有关法律的规定条件下，加注其他项目内容，如特种货物的装置说明，对所收到的货物批注说明，不同运输方式下各承运人之间的临时洽商批注等。

我国对提单的法律基本沿用了《海牙规则》，同时也吸纳了《维斯比规则》的一些规定。

7.2.3　托运人的主要单证

（1）出口报关委托书（正本）（上海港有特殊格式要求）；

（2）商业发票（正本）；

（3）装箱单（正本）；

（4）报关单（正本）；

（5）出口收汇核销单（正本）（海关将连同报关单一并退回）；

（6）发货人在当地海关注册的备案号（十位编码）；

（7）反恐舱单（美国：AMS；加拿大：ACI）；

（8）贸易合同副本；

（9）保险单；

（10）核销人员 IC 卡正反面复印件（适用于从新港发货的北京客户）；

（11）商检通关单（提供商检换单凭证）；

（12）报检委托书（如托运人委托办理商检换单或必要时办理货物的熏蒸等）；

（13）熏蒸证等。

7.2.4 货运代理涉及的单证

（1）出口十联单；

（2）装货通知/关单；

（3）提单（B/L）；

（4）海运单（Sea Waybill）；

（5）出口货物报关单证；

（6）进舱通知；

（7）集拼货预配清单；

（8）外汇核销单；

（9）装货单；

（10）装箱单；

（11）发票；

（12）合同；

（13）信用证副本；

（14）出口许可证；

（15）免税手册；

（16）商检证明；

（17）产地证明等。

在运输作业过程中，不一定每次都要涉及以上所有单证。这里只列出了货运代理在工作中可能涉及的单证。除此之外，还可能有其他单证。

7.2.5 收货人提供的主要单证

（1）报关委托书、报检委托书（正本，盖公章）；

（2）提单（已背书）；

（3）办理换提单手续委托书（正本盖公章）；

（4）合同（复印件，要显示公章或合同章）；

（5）发票（正本）、装箱单（正本）；

（6）信用证（银行盖章副本或复印件）；

（7）法定商检货物要提供国外商检证和产地证复印件；

（8）规格（复印件）；

（9）CNF 价格条款，需保险单原件；FOB 价格条款则需保单和运费发票原件；

（10）如委托进口，要提供经营单位与收货单位的协议原件；

（11）如加工贸易，要提供手续完备的加工手册原件；

（12）国家限制进口货物，要提供进口许可证原件；

（13）特殊货类如废料等，要提供国家批准进口相关文件原件；

（14）货物明细单，原产国木包装熏蒸证或非木包装证明。

注：实际操作以海关、检验检疫局的要求为准。

7.3 货物运输当事人的风险管理

运输的不确定因素很多，主要表现在当事人、单证管理和保险等方面。本节对运输当事人、单证和保险等方面的风险进行了分析，以帮助读者了解运输风险以及可能的风险规避方法。

7.4 托运人的风险管理

7.4.1 公路运输委托的风险及防范

我国巨大的公路发货量使得公路运输市场非常大，各种承运人和货运代理都在参与市场运作，使得公路货物运输的不确定性也就更加难以把握。我国公路货物运输的风险位居各种运输方式之首。

鉴于此，托运人在委托公路货物运输时要特别注意风险的防范，委托操作时一定要谨慎，除了要仔细甄别公路货运代理的诚信，还要尽量了解承运人背景，以防万一，以保证在途货物的安全。

对公路货物运输委托的风险管理主要内容如下：

（1）尽量委托自己熟悉的公路货运代理。如果是第一次委托，则应尽量多询问几家从事同一条线路货物运输业务的公路货运代理，以便获得更多信息，如运费费率、发车频率、经营历史及货运代理的规模等，还要设法现场考察该代理是否每天都有货发运（公路货运代理一般在上午揽货，下午晚些时候开始装车发运）。然后对这些信息进行分析比对，做到货比三家，最后确定一家合适的公路货运代理。

（2）实施委托之前，托运人可以要求这家公路货运代理出示其营业执照。请注意营业执照的有效期、发证单位、注册地点、注册资本及法人姓名等。然后要求法人出示身份证，做进一步核实。

（3）询价，报价，确认在途时间、收货时间和地点，确认运费。切记相同线路上的货运代理报价应基本相同，即便有差别也不会太大。对运费特别低的报价要谨慎，甚至拒绝。

（4）仔细推敲运输合同。特别要重点关注公路货运代理和司机的免责内容，不接受格式合同中的不合理描述。这是规避风险的关键步骤之一。

（5）装货之前核对司机的移动电话，可能的话索取司机家里的固定电话号码，并拨打进行确认。

（6）要司机出示身份证、驾驶证、行车证。对这三证要留复印件备查。不方便复印的地方，可进行拍照。

（7）装货后可以请司机站在车前的牌照旁边拍照。

（8）再次和司机确认车况和在途时间。

（9）运费可以预付，也可以到付。到付时，可以由司机向收货人收取运费，但需要谨慎对待。

（10）发车之后，每天至少要和司机通一次电话。如有可能，可以要求司机在途中用当地的固定电话回复。

（11）司机投的保险仅是对车辆的保险，所以托运人要为自己的货物购买公路货物运输保险。

对于长期合作伙伴，完全可以简化这些过程。取得公路货运代理和司机的信任和谅解非常重要。

7.4.2 铁路运输委托的风险及防范

1. 铁路货物运到期限的计算

货物运到期限从承运人承运货物的次日起，按下列规定计算：

（1）货物发送期间为1日。

（2）货物运输期间。每250运价千米或其未满为1日；按快运办理的整车货物每500运价千米或其未满为1日。

（3）特殊作业时间：需要中途加冰的货物，每加冰一次，另加1日；运价里程超过250运价千米的零担货物和1吨、5吨型集装箱货物，另加2日；超过1000千米加3日；一件货物重量超过2吨，体积超过3立方米或长度超过9米的零担货物及零担危险货物另加2日；整车分卸货物每增加一个分卸站，另加1日；准、米轨间直通运输的整车货物，另加1日。

（4）货物运到期限：起码天数为3日。

2. 须派押运人运输的货物以及“押运人须知”内容

（1）活动物、需要浇水运输的鲜活植物、生火加温运输的货物、挂运的机车和轨道起重机以及特殊规定应派押运人的货物，托运人必须派人押运。押运人数，除特定者外，每批不应超过2人。

（2）“押运人须知”包括以下内容：

①押运人应熟悉所押货物的特性，负责所押货物的安全，不得擅离职守，不得擅自登乘未经车长或车站许可的车辆。

②要注意乘车安全。横过线路要一站、二看、三通过，不得跳、钻车辆，也不得在列车、车辆移动时爬车或跳车。严禁在货车下乘凉避雨，不得蹬坐车帮和探身车外，不准在货车顶部或货垛的高处坐卧、走动或停留，也不准在易于窜动货物的空隙间乘坐。通过铁

路电气化区段，严防触电。

③严禁携带危险品，不准在货车内吸烟、生火（押运需生火加温运输的货物除外），违反规定造成后果要负经济或法律责任。

④发现危及货物、人身及行车安全的情况，要立即通知车长和车站处理。

7.4.3 航空运输委托的风险及防范

大多数经营定期班机的航空公司并不直接与托运人打交道，与托运人签订合同的班机航空公司就更少。究其原因，一是认为通过空运货运代理揽货方便；二是航空公司的服务基本限于机场，不能为托运人提供机场以外的附加服务；三是航空公司作为承运人，更多关注于安全保障、地面服务和运力调配。航空公司的市场营销和业务操作大多交给空运货代去完成。

托运人的货物通常在大型航空港拼箱。拼箱货在几条航线上转运，会在哪些机场滞留是发货人需要关注的事情。托运人要特别注意货物的运输操作程序。要选择经验丰富的空运货运代理公司，而不要仅仅关注运价。

7.4.4 海洋运输委托的风险及防范

在国际贸易中有将近70%的货物是经过海运完成转移的，因此海运在国际贸易中扮演着不可替代的重要角色。《国际贸易术语解释通则2000》条款中，除了DAF，基本都涉及海运，因此无论是从事国际贸易的买方还是卖方，都可能需要货运代理的海运服务，并在货运代理的帮助下通过承运人完成货物交付。

海运风险的控制在很大程度上与货运代理有关。货运代理是当事人，但除了无船承运人（NVOCC）之外，货运代理仅仅是代理，所以其责任和义务仅限于代理范畴。就托运人的风险管理来说，还是要在充分了解货运代理工作流程的情况下，研究风险的控制。以下讨论的风险主要是托运人和货运代理之间发生海运业务的时候可能遇到的风险以及防范风险的措施。

1. 订舱配载

获得相对准确的航线和船舶信息之后，托运人需要关注的是舱位获取。在运输旺季或者某些特定航线，舱位会比较紧张，难免发生船公司甩货现象，这是让托运人非常头痛的事情。

对甩仓风险的控制，首先要看托运人对承运人的吸引力。承运人对大客户要给予持续关注，所以大客户的货不容易被甩。如果托运人不属于大客户，就要看货运代理的能力了。在运输旺季，托运人要加强和货运代理的沟通，可以通过船务代理或者货运代理了解船舶动态。如果托运人知道委托的货运代理在该船公司有包舱协议，被甩货的风险就小得多；如果代理没有包舱协议，或者不是该船公司的订舱代理，面临的甩货风险就要大一些。托运人在委托过程中，一定要催促委托的货运代理请求订舱代理尽早确认舱位，必要的时候也可以直接联系订舱代理，尽量争取所委托的货物按时装船出运。

但是，甩货也可能是托运人造成的。如托运人在开船前没有备妥货物，就会临时撤载，且托运人基本不用承担什么费用。因此，承运人在受载时可能会接受部分超过实际舱位数量的订舱，以防托运人临时撤载，造成该航次空舱。

2. 集港装船

集装箱在产装完封箱后要送返原提箱地点或者直接集港。托运人要注意集装箱必须在结关之前完成产装作业并尽快集港装船。还要为商检和通关留出足够时间。海关没有放行的货是无法装船的。

在产装集港时要准备报关和报检的工作。报检比较复杂，一般托运人要提前申报，特殊商品商检部门还要化验和验货等，这些工作托运人应该提前安排。托运人要争取按时完成装箱作业，如果有自己的车队，协调好即可；如果没有，可以委托货运代理办理拖车运输。这时要给货运代理合理的时间安排拖车，而且太早太晚都不适合。太早会造成拖车过早进港，可能会产生不必要的堆存费；太晚有可能造成集装箱没有按时进港，产生加载等不必要的麻烦。如加载顺利，则按期出运，否则会因货物不能及时装船出运导致延期交付。因此，托运人一定要与货运代理保持联系，随时掌握动态，共同处理发生的问题，以避免事后的纠纷。如果所委托的货运代理经常发生集港不及时的问题，则要考虑是否继续使用其服务了。

3. 船期

班轮的船期可以经过查询船期表获知。但船期表也是有弹性的，所提供的到港和离港的时间均是预抵和预离的时间。生产型企业可以按照船期排产，但是要留有余地。非班轮的船期则具有更大的弹性。对此，企业物流管理人员在供应链管理过程中时要特别予以关注。供应链的强度取决于其最弱环节的强度，所以任何一个环节的差错都会影响整条供应链的效率。船期这个环节如果控制不好，就可能导致交付的延误，流动资金的占压，客户服务水平的降低，市场竞争能力的削弱，还可能引发商业纠纷，甚至可能导致整条供应链的断裂。

托运人要掌握船务公报上的信息，应该能够读懂船期表，还可以通过货运代理了解各船公司的信息。因为船期表上只是该船公司发布的信息，要获取其他船公司的信息，需要逐页研究。对于不是很熟悉这项业务的人员来说比较耗时，而且船期的调整一般不预先告知。一个好的货运代理则与多家船公司有约，能够随时掌握船舶动态，因此不但能够代表托运人与多家船公司联系，还可以提供多条航线的船舶动态、舱位和运价信息，帮助托运人作出最适当的选择。

4. 缮制提单

海运提单是物权凭证。提单是国际贸易中最重要的单证之一，其特殊的属性要求谨慎处理，提单上的任何一个错误都可能造成严重的问题。提单的文字错误、丢失和破损等都会给托运人带来严重后果，如在国外无法正常清关，再行更正，就会在目的国产生很多额外费用。如果涉及信用证项下的交易中发现提单上出现不符点，议付行可能会拒付货款。海关要求出具提单的数据跟报关数据及舱单必须一致，这时出错则需要更改报关资料，更改舱单，然后再修改提单，看似简单的数据更改，其实涉及部门之多，更改过程之繁，额外费用之高，耽搁时间之久都是托运人难以承担的风险。

托运人给货运代理提供的信息一定要准确，货运代理在打印提单之前务必和托运人进行最后核对，负责任的货运代理会要求托运人在其打印出来的提单样本上签字确认。托运人在签字确认信息无误之前，一定要仔细核对，以避免事后修改。

5. 电放提单

货物顺利集港后开船，开船的第二天船公司就可以签发提单。发货人要预先与托运人确认费用和付费方式，然后把所需款项付给货运代理。货运代理代缴费之后，就可以及时领取提单，然后把提单交给托运人。信用证项下的贸易，由于某些航程可能比审核和寄送提单的时间短，为了避免目的港卸货后，提单没有到，导致收货人无法提货，货物就要进入海关监管状态。监管期内收货人可能要缴纳相关费用。为了及时提货，可以由托运人在装运时向承运人提供保函，请求船公司在目的港电放，即收货人在目的港凭提单副本办理提货。

托运人呈送承运人的保函内容要求承运人凭收货人盖章确认的提单副本和船务代理指定的电放保函提货，风险由托运人承担。保函的作用是托运人保证承运人无单放货后不追究其法律责任，即放弃向承运人索赔的权利，或者保证弥补承运人涉讼的损失，因此托运人的风险非常大。托运人在申请电放的时候可能会要求收货人向托运人提供反担保，以便收货人提货。国内的沿海运输一般都采用电放提单。

6. 倒签提单（Anti - date B/L）、顺签提单（Post - date B/L）和预借提单（Advanced B/L）

“倒签提单”是指承运人或其代理人应托运人的要求，在货物装船完毕后，以早于该票货物实际装船完毕的日期作为提单签发日期出具提单，这是因为托运人为了使提单上记载的签发日期符合信用证关于装运期的规定，以便结汇。承运人应托运人要求倒填日期签放提单，称为“倒签提单”。

承运人签发倒签提单的做法，掩盖了提单签发时的真实情况，要承担由此而引起的风险责任。当市场上货价下跌时，收货人以“伪造提单”为由拒绝收货，并向法院起诉要求赔偿。因此，承运人不能签发这种提单。不过，为了贸易的需要，根据一般商业习惯，在一定条件下，比如该票货物已全部装船完毕，且倒签的日期与实际装船完毕的日期间隔不长，在取得了托运人保证承担由此而引起的一切责任的保函后，承运人还是可能同意签发倒签提单的。

顺签提单是指货物装船完毕后，承运人或其代理人应托运人的要求，以晚于该票货物实际装船完毕的日期作为提单签发日期的提单，原因同上。

预借提单是指在信用证所规定的结汇期，即信用证的有效期即将届满，货物已经入承运人货场尚未装船或尚未装船完毕的情况下，托运人为了能及时结汇，要求承运人提前签发的已装船清洁提单，即托运人为了能及时结汇而从承运人那里借用已装船清洁提单。

当承运人签发这种提单时，不仅同样掩盖了提单签发时的真实情况，而且还将承担比签发“倒签提单”或“顺签提单”更大的风险责任。不少国家的法律规定和判例表明，在签发预借提单的情况下，承运人不但要承担货损的赔偿责任，而且还会丧失享受责任限制和援用免责条款的权利。

从法律角度看，除非收货人提出此要求，否则无论是倒签提单、顺签提单还是预借提单都是托运人与承运人对收货人的欺诈行为。

7. 委托人的交单时间

很多托运人对货运代理委托之后，往往会在下班前，或者下午晚些时候通知货运代理制单，货运代理接到指令后开始工作的时候已经比较晚了。一旦遇到所提供数据不准确，货运代理则无法判断正确与否，因此有可能在难以与托运人沟通的情况下进行申报，这就可能造成很大麻烦。尽管事后可以更正，但可能会增加费用，甚至可能耽搁船期，给托运人带来风险。

这种操作性的风险很好控制，委托人只要尽早将信息发给货运代理，留出一定的沟通时间即可规避。

8. 集装箱破损的赔偿

货运代理接受托运人委托提取空箱进行产装，然后将重箱运回原提箱地点，或者在进口时，提取重箱到厂家拆箱，将空箱运返原提箱地点的过程中，可能会发生箱损。承运人会要求对损坏的集装箱予以修复赔偿。

在实际操作中，托运人一般会把提箱和还箱业务外包给货运代理。货运代理可能会再次将此业务转包给托运公司。托运公司的集装箱拖车司机提箱时，承运人一般要求交押款后提箱，一般是在换取提货单（D/O）时已经交了押款。集装箱拖车司机提箱时，应该仔细检查箱体是否完好，并按要求签署设备交接单，确认箱体完好。如果签妥设备交接单并提箱后，托运人或者收货人作业时对集装箱造成损害，就会产生集装箱修理费用，该费用从押款中扣除。如果集装箱拖车司机提箱时没有及时发现残损箱，而签署了设备交接单，等于接受了一个完好的集装箱，还箱时发现箱损，仍然要承担修箱费用。所以，实际的风险控制主要由集装箱拖车司机来完成，为了督促拖车司机提箱时仔细验箱，可以通过货运代理要求拖车公司负担押款来规避风险。在拖车公司和堆场有合作协议的情况下，拖车公司还可以免交押款，直接操作。

拖车司机检验集装箱的基本方法：

（1）符合 ISO 标准；

（2）四柱、六面、八角完好无损；

（3）箱子各焊接部位牢固；

（4）箱子内部清洁、干燥、无味、无尘；

（5）不漏水、漏光；

（6）具有合格检验证书。

9. 滞箱费

托运人或者收货人在装箱或者掏箱时可能会因为这样或那样的原因延迟交箱，因此会发生承运人要求的滞箱费。集装箱作业经常是委托给货运代理办理的，所以在滞箱费问题上，托运人或者收货人很容易和货运代理发生争执。

解决方法是要熟悉承运人的规定，争取在合理的时间内交箱。承运人在经营中要尽量提高集装箱的周转率，以免调空箱，增加运营成本，所以设定了滞箱费。滞箱费并不是为了收取费用而设定的，是船公司督促用箱人尽快还箱的做法。总之，尽快还箱是规避滞箱费的最佳做法。

10. 起运港各种费用

在从事国际货运业务时，托运人总会面对名目繁杂的各种费用。很多费用数额并不大，但是综合起来就会发现已经构成一笔不小的支出。如果托运人不熟悉各种费用，而且由于各种原因不太在乎这些费用，那么以包干费的形式让货运代理解决这个问题是个简单易行的方法。如果贸易的利润率本来就很低，需要精打细算，这时托运人就要充分了解各项费用的明细了。

托运人要先清楚各段的运费（如国际联运），根据贸易双方的合同，分清楚每笔费用该由哪方支付。

11. 航线

船公司开辟航线会受到很多因素的影响，如货量、自然和政治等条件的约束，因此存在着支线和干线运输。托运人要了解所选择的航线是否安全、航程是否最短、运费是否最合适。

船期表基本可以提供支线和干线运输信息，或者可以委托货运代理查询，这种咨询是免费的。有的托运人会认为直达船更快，这是指近洋。远洋航线的航程长，或者是偏港，转船运输可能是正确的选择。

12. 选择代理

自从我国货运代理市场开放以来，从事货运代理的门槛大幅度降低。一方面，有利于公平和公开的市场竞争；另一方面，由于从业者的大量涌入，货运代理市场呈现着供大于求的现状，而且鱼龙混杂，比较差的货运代理给发货人或者收货人带来的风险是不容估计的。

收货人考查货运代理时，要注意以下几个方面：

（1）信誉良好；

（2）有足够的商品知识，熟悉不同的运输方式对货物的适用性；

（3）了解不同船舶对货物的适用性；

（4）熟知海运地理方面的知识；

（5）与承运人的关系如何；

（6）熟知航运法规。

7.4.5 货运代理的风险及防范

1. 未尽代理职责

货运代理以代理身份提供服务时，一定要谨慎履行合理的职责，这是对货运代理最基本的要求。然而在实践中，货运代理企业往往可能由于各种原因疏于管理，未能尽到合理的义务，给托运人造成损失，实际上也是给自己造成了损失。主要包括选择承运人不当，选择集装箱不当，未能及时收集、掌握相关信息并采取有效措施，对特殊货物未尽特殊义务，遗失单据，单据缮制错误等。

应对的方法是建立健全内部规章，制定标准的业务流程，对可能出现因疏忽造成风险的业务环节进行科学、全面的分析，使业务环节程序化、制度化，并不断完善，同时加强检查力度，使疏忽大意产生损失的概率降到最低。

2. 超越代理权限

货运代理提供代理服务时，其行为应当在托运人的委托范围内，如果超越了委托范围，擅自行事，则由货运代理自行承担责任。在业务实践中，货运代理出于为托运人着想，为了货物及时出运，不惜以超越代理权限为代价来行使托运人的权利，比如签发各类保函、承诺支付或者代垫运费、同意货装甲板、更改装运日期及将提单直接转给收货人等。这些行为托运人可能并不认可，或许事先得到了托运人的默许或口头同意。但是一旦出现问题，托运人可能会予以否认。由于没有证据证明托运人事前的认可，货运代理往往要为自己超越代理范围的行为承担责任。

建议货运代理要明确托运人的权利和责任，分清货运代理与托运人权利和责任的界限。对于突发事件，要及时沟通，将责任确认清楚。

3. 托运人欺诈

目前，很多货运代理为了承揽生意，吸引托运人，往往会垫付运费及其他相关费用。

个别托运人为了逃避海关监管，可能会虚报、假报进出口货物的品名以及数量。当货运代理（包括报关行）代其报关后，经海关查验申报品名、数量与实际不符时，货运代理（包括报关行）可能首当其冲遭受海关的调查和处罚。

在集装箱运输方式下，由于货物不便查验，托运人可能会出运低价值的货物，而申报为高价值的货物，并与收货人串通（或者收货人就是该货主或其关联企业），伪造假发票、假信用证、假合同。当货物到达目的地，通过各种手段骗取无单放货后，发货人凭正本提单向货运代理索要高于出运货物实际价值的赔偿。

建议货运代理对托运人实行资信等级考察制度，对不同等级的托运人实行不同的对待策略。同时，货运代理工作中既要提供良好的服务，又要提高警惕性。

4. 随意出具保函

目前，倒签提单、顺签提单和预借提单现象经常发生，凭保函签发清洁提单或无单放货的情况并不鲜见。承运人为了规避风险，一般在托运人提出上述要求时对其出具保函。由于托运人可能远在异地或者其资信不能得到承运人的信任和认可，承运人可能要求货运代理出具保函，担保由此引起的一切责任，或要求货运代理在货主出具的保函上加盖公章，承担连带担保责任。其实，货运代理仅是托运人的代理人，出具保函的行为超越了代理范围，此时货运代理所承担的风险责任远远超越了其应当承担责任的范围。

建议货运代理加强制度管理，货运代理对出具的保函应当进行严格的审核，慎重出具，对于不应当或不必要以及可能损害其利益的保函应该予以拒绝。

5. 法律适用问题

货运代理作为国际多式联运经营人提供服务时，由于货物运输可能同时涉及几种运输方式，货物运输的路段也会涉及几个国家，每一种运输方式所适用的法律不同，其规定的责任区间、责任限额、责任大小都不尽相同，而不同国家的具体法律规定又是不同的，这样就有可能因法律适用问题给货运代理造成风险。

由于各地的海关监管、免疫查验、出入境管理以及其他相关监管的法律法规的规定不同，而且货运代理企业又不能完全熟悉掌握，尤其是一些最新出台的法规，货运代理企业缺少信息追踪以及相关信息调研的部门的帮助，极有可能会触犯这些规定，从而招致处罚。轻则罚款，重则有可能被吊销当地的经营资格。

建议从事国际联运的货运代理加强对相关国家法律的了解和研究，明确自己的权利和责任，慎重选择合作伙伴，同时加强和托运人的沟通。

6. 垫付运费

垫付运费是当前货运代理承揽业务的主要手段之一，对一些资金相对紧张的托运人颇有吸引力，但是在以这种方式吸引客户的背后却蕴藏着极大的风险。

首先是垫付运费的合法性问题。作为代理人，在被代理人没有对支付运费做出明确授权时，自行代其垫付运费的行为不可取。建议货运代理不予垫付运费，或者在与托运人的代理合同中明确垫付运费的授权和资金保证。

7. 员工个人行为

托运人的经营活动是通过其员工完成的，个别员工可能以公司职务行为作掩护，让货运代理企业无法辨别，误认其个人行为是公司行为，从而导致货运代理的经济损失。

建议货运代理要求往来文件尽量加盖公司印章，对于个人的业务行为，要求其公司提供委托授权书，明确其行为是公司授权的职务行为。

8. 风险转移

在实践中，投保货运代理责任险是转移经营风险行之有效的途径。通过这种方式可以转化某些无法预见的经营风险，减少重大或突发风险事件给货运代理企业带来的冲击和影响。

我国的《货运代理规定实施细则》要求货运代理企业在从事国际多式联运业务时要参加保险。货运代理如果不投保货运代理责任险，后果是难以想象的。投保责任险不仅是货运代理企业自我保护的手段，也是对自己信誉的承诺。但是，货运代理企业切不可认为投保货运代理责任险，就万事无忧了。事实上，货运代理责任险只是企业在完善自身风险防范机制基础上的补充，是一种将无法预见的风险转移的权宜策略。货运代理企业的风险防范之路只能是以加强自身风险防范能力为主，投保货运代理责任险为辅。

7.4.6 收货人的风险及防范

1. 公路运输委托的风险及防范

公路运输货物在交付时，大多数情况是收货人可以接受的。很多承运人和公路运输货运代理可以提供令收货人满意的服务。但是，公路运输货物的安全交付仍然是一个尚待解决的问题。在运输环节，无论发生何种风险，最后都落实在接收这一环节上。由于此时货物不在收货人的控制之下，所以收货人无论如何对发生的情况也没有很多的解释权。

一般地，收货人风险包括提货不着、残损、短缺、延误和额外收费等。对于这些风险的管理，建议如下：

（1）在货物交运之前，要和发货人充分沟通。需要发货人提供当事人所有信息详情，如发货的公路运输货运代理、承运人、收货的公路运输货运代理的地址、经办人姓名和联系电话（要保证24小时畅通）、费用明细（包括交货时的一切费用）、具体的起运地点和交付地点、工作时间、提货方式（自提还是送货）、收货地点和途中的公安部门联系电话等。

（2）在获得以上信息之后，与当事人逐一联系，确保在运输过程中能随时沟通。

（3）与负责收货的公路运输货运代理联系，再次落实交付地点、手续和费用等。

（4）如果需要自提，应该事先备妥运输工具。

（5）运输途中和司机联系，至少每天一次。

（6）为货物投保，这点非常重要。发运之前一定要问清楚，有的公路货运代理有这方面的服务，有的没有。如果有，要求其出具书面的证明文件。对于承运人，一般会回答有保险，但是这极有可能是其车辆的保险，并不是其承运货物的保险。“货运险”一般包括运输途中货物着火、翻车摔坏货物和撞击震碎物品等发生的损失，不包括“盗抢险”，这个险种要另行投保，而且由于理赔缺乏依据，有的保险公司不太情愿承接公路货物“盗抢险”投保。

（7）报警，请求公安部门援助。

（8）对于收货的公路货运代理加收的一些费用，如搬倒费、暂存费、服务费、送货费、保险费、开票费等名目繁多的收费项目，最好提前落实，以免货到之后发生争执。如果收货人有熟悉的货运代理，应该明确通知发货人将货物发至此代理处。

（9）无论货款和运费是否为到付，对于出现残损或者短少的货物不应该拒收。可以和当事人协商、拍照、通知保险公司勘验（如已投保）、在相关单证上明确标注现状并由当事人签字盖章之后收货。

2. 铁路运输委托的风险及防范

（1）在发运站填写运单时，正确填写收货人名称、住址、邮编。领货凭证要与运单一致，不能简写、缩写、误写，防止在到站时查询困难，造成收货人不能及时领取货物，或者产生经济损失。

（2）货物在发站出运后，收货人应要求托运人用快件方式，把领货凭证寄给收货人。收货人收到领货凭证后，一定要尽快到车站联系领取货物。

（3）收货人应该要求发货人委托铁路货运代理代办托运时邮寄有发站戳记的领货凭证，无发站戳记的领货凭证，为无效领货凭证。

（4）要注意保存承运前、途中和交付后的货物编制记录，需要证明铁路同托运人或收货人之间的责任都要记录在案。

3. 航空运输委托的风险及防范

（1）航空货物运输中，如果发生货损货差，首先查清责任是代理的还是承运人的。赔付按《华沙公约》条款规定执行，也就是按航空总运单和分运单背面条款进行赔偿，其余部分由收货人向保险公司提出索赔（出运前已办理保险）。

（2）收货人应该了解航空货物运输代理的责任和义务是维护委托人的利益，在与民航交接货物时，发现货物外包装破损或出现货差等情况时，应在接货同时，取得航空公司的商务记录，以便凭此向航空公司提出索赔。

（3）为了安全，对于委托航空运输的货物应该投保。

4. 海洋运输委托的风险及防范

（1）目的港费用

在进口货运合同规定运费到付时，收货人要熟悉货运各个环节的业务及技术要求，事先准备好相关单证，避免产生可能出现关税方面的滞报金、关税变化和承运人可能造成的滞纳金、港口和货运代理方面费用等。

（2）滞报费

货物在到港 14 日之内要向海关递交单据报关，超过 14 日就会产生滞报费，滞报费由收货人负担。收货人在得到托运人装船信息之后，就要和委托的货运代理进行沟通。在轮船靠泊前，联系货运代理或报关行尽快报关。虽然有时因耽搁产生滞报费可能是货运代理的责任，可是收货人也要承担没有及时催促的责任，原则上一切费用并不是由货运代理承担的。

（3）收货人索赔时效

进口的货物抵港后，收货人应迅速报关，并根据提单、箱单所列情况，查货验货。如发现货物有破损、短缺及规格不符等问题，应该保留现场并在收到货物之日起 3 日内书面通知承运人，声明保留索赔权。

（4）延迟交付

如系货物迟延交付，应在货物运到后 14 日内提出。同时，应联系口岸检验机构，依法申请检验和现场鉴定，判断原因，取得相关证明，确定责任归属，向有关责任方提出索赔。其中，确实属于承运人责任的，应及时向承运人索赔，因为向承运人索赔的有效期限较短。

（5）收货人必备的索赔单证

①索赔函件；

②索赔清单；

③提单正本或影印件；

④商业发票、装箱单或磅码单；

⑤商检机构出具的检验及鉴定证书；

⑥船方、港务管理部门出具的文件，货损货差证明、海事报告、大副签证和破损短缺证明等；

⑦费用的证明单据；

⑧其他必要文件，如火灾鉴定报告、卫生或动植物检疫证明及保函等。

（6）换单费

收货人自行或者委托货运代理对进口货物凭正本提单在船公司的换单代理处换取提货单（D/O）是收货人自行或委托货运代理到堆场提箱/货的必要手续之一，也是进口操作环节中必不可少的一个环节。换单是要缴纳换单费的，不同的船公司对于换单费的规定不尽相同，收货人要给以关注。

国际货运的成本主要来自起运地、途中和目的地三个环节。在收货人提取进口货物过程中，货运代理往往会通过延伸服务收取一些费用，如代报关费、送货费、仓储费和换单费等。

如果进口是以CFR、CIF等卖方派船的形式完成的，收货人（买方）和发货人（卖方）在洽谈合同的时候，收货人要就目的港换单费等费用和国外托运人进行沟通，提前确定换单费。在大多数卖方派船的情况下，托运人一旦履约就不必关心收货人在其国内发生的费用。根据《通则2000》中条款规定，卖方的责任范围也不包括换单费，这些费用理所当然由买方承担。在货物抵达目的港的时候，由于此时货物不在收货人控制之下，因此无法就换单费的多少和换单代理议价。如果是进口拼箱货，批量较小，高昂的换单费可能会使收货人增加不少成本。

7.5 不可抗力

不可抗力我国《民法通则》上指“不能预见、不能避免和不能克服的客观情况”。不可抗力作为免责条款具有强制性，当事人不得约定将不可抗力排除在免责事项之外。各种不同的运输法规都有不可抗力描述，以便分清当事人的免责界限。

由于承运人遇到的不可抗力因素很复杂，各国定义的范围不尽相同，所以当事人在委托运输时，对于合同中的不可抗力描述一定要仔细斟酌，以免因描述不清或者理解不同引发争执。一般的不可抗力内容主要包括以下情况：

（1）自然灾害，如台风、洪水和冰雹等；

（2）政府行为，如征收和征用等；

（3）社会异常事件，如罢工和骚乱等。

7.6 《国际贸易术语解释通则2000》与运输

7.6.1 国际销售合同的标准术语

很多国际货运的货物销售合同都在使用一个标准术语，贸易术语的使用简化了贸易程序。这个标准术语全称为《国际贸易术语解释通则2000》（《Incoterms 2000》[①]，以下简称为《通则2000》），由国际商会制定与修改，《通则2000》提供了一整套对最常用的贸易术语进行解释和分类的国际规则。与《通则2000》有关的运输方式我们在前面的单元中已讨论过，虽然《通则2000》是个贸易术语，但是其涉及运输，所以这里再进行进一步的归纳。

7.6.2　与公路运输有关的条款

在《通则2000》的所有13个条款中，涉及公路运输的条款有FCA、CPT、CIP、DAF、DDU和DDP。发货人在作业中要特别关注费用和风险的转移点，这些条款的费用和风险的转移如下：

（1）在FCA条款中，卖方（发货人或托运人，下同）在指定的地点将商品和出口报关手续交付给买方指定的承运人，如果交货在卖方的所在地，卖方将货物装到买方提供的运输工具上即可。在公路运输中，这个条款中的发货人责任是很小的，风险在发货人将货物交给收货人指定的承运人或其代理之后就转移了。

（2）在CPT条款中，卖方将货物交付给指定的承运人，但是必须支付将货物运至指定目的地所必需的运输费用，如公路运费，买方承担发生于交货之后的所有风险和其他任何费用。

（3）CIP条款比CPT条款多了保险费用。

（4）在DAF条款中，当卖方在边境指定的地点和具体交货点，在毗邻国家海关边界前，将仍处于交货的运输工具上尚未卸下的货物交给买方处置，办妥货物出口清关手续但尚未办理进口清关手续时，即完成交货。如当事各方面希望卖方负责从交货运输工具上，如汽车上，卸货并承担卸货的风险和费用，则应在销售合同中予以明确。

（5）在DDU条款中，卖方在指定目的地将货物交给买方处置，不办理进口通关，不需要将货物从任何运输工具卸下，即完成交货。卖方承担包括把商品运送到指定目的地的费用和风险。买方承担目的国与进口关税相关的所有费用（海关清关、缴纳关税、税款和

① Incoterms 2000，ICC Publishing SA，International Chamber of Commerce—The world business organization.

其他费用）与风险。

（6）DDP条款中，除了由卖方承担目的国的进口关税相关的所有费用（海关手续、关税、税款和其他费用）与风险之外，其他与DDU相同。

7.6.3 与铁路运输有关的条款

首先，在使用DAF、CPT和CIP条款时，运输方式包括铁路运输，涉及信用证，则可能会带来的在结汇上的风险。最常见的风险是到中亚的全铁路运输，铁路运单不是物权凭证，交割只能100%前T/T（电汇），铁路运单不具有海运提单的物权凭证功能，用来进行商业性质的流通，因此给铁路联运的当事人造成了极大的不便，因此国内卖方与国外的买方的信任是交易的基础。

在这种情况下，托运人面临着巨大的应收款风险。如果联运货物在转运港或者起运站装上火车发送时，买卖双方还没有完成货款的结算，托运人将没有任何凭证用以控制在途货物的货权，面临无法预测和控制的应收款风险。

货物到达目的站以后，收货人可以自行办理提货手续，如果在得到货物后不按时向托运人支付货款，托运人将面对十分被动的局面，甚至可能完全无法收回货款。

其次，铁路联运的货运代理，无法实现费用到付，也会面临无法收款的风险。与国际贸易所伴生的国际货物运输，国际货运代理一般都会由收货人指定，也就是说，收货人与国际货运代理签署货运代理合同，托运人或者出口商只需根据销售合同将货物按时在规定地点移交给收货人指定的货运代理公司，就完成了合同交付义务。如果联运货物的最后一程运输使用铁路，那么该货运代理将只能要求客户在货物交给铁路运输以前支付运费，以免在货物发车后向收货人催款。同样，由于货物到达目的站以后，货运代理无法对收货人自行提货的过程进行任何控制和干预，一旦收货人拒付运费和服务费，货运代理又会落入无法收回货款的境地。

再次，这种做法阻碍了银行等机构围绕铁路联运货物提供押汇、担保和托收等金融和中介服务。海运和多式联运提单由于其本身就是物权凭证，出口商可以用提单向银行提供抵押，申请议付和跟单托收等。国际贸易中缺乏信任的买卖双方一方面可以通过银行服务改善各自的资金流，也可以通过银行和其他商誉良好的中介机构来降低商业风险。但是铁路运单使得银行等机构无法围绕铁路联运货物，使用合理的金融和信用工具，提供以上各形式的服务。

最后，不利于保护商业机密，贴牌生产和转手贸易在国际贸易中一直占有相当大的比例，他们在绝大多数情况下不会将产品先从生产商运到自己仓库里然后再转运给下游客户，而是安排货运代理直接从生产商提货，从起运地直接发送到最终收货人指定的目的地，以达到节约物流成本和简化手续的目的。在货物使用铁路联运运输出口的情况下，虽然 OEM 加工的委托方和中间商可以指定货运代理在办理货物托运时按照自己的指示填写运单资料，但是由于铁路运单目前也是生产企业出口退税的重要凭据之一，运单上的收货人资料会不可避免地泄露出去。客户资料是 OEM 委托方和中间商的高度商业机密，出于使用铁路联运会造成泄密的顾虑，OEM 委托方和中间商可能放弃使用铁路联运而采用其他运输方式来完成货物运输。如此将不利于客户积极使用铁路联运来节约物流成本，也降低了贸易的执行效率。

由此可见，铁路运单功能和形式上的不足给众多的相关当事人造成了不便，也带来了极大的风险，客观上已经成为制约我国和亚欧大陆各国之间，以及世界各国与亚欧大陆国家之间，使用铁路通道顺利进行货物贸易的障碍，成为亟待解决的问题。

7.6.4 与航空运输有关的条款

《通则 2000》中与航空运输相关的条款有 FCA、CPT、CIP、DDU 和 DDP，这些条款的风险与铁路运输涉及的条款风险基本相同。

7.6.5 与水路运输有关的条款

《通则 2000》中与水路运输有直接关系的有 FAS、FOB、CFR、CIF、DES 和 DEQ。在有提单签发的情况下，风险和费用的转移点已经明确。在信用证项下，发货人（卖方）在银行议付的时候，必须出示清洁提单，为了得到清洁提单，实际的风险转移点已经移到开船之后了，这一点很重要。

7.6.6 《通则 2000》的交货地点和风险转移点

十三种贸易术语分为四组，交货地点和风险转移点如下表所示：

交货地点和风险转移点

通则中交货地点和风险转移			通则中交货地点和风险转移		
E	EXW	工厂交货（指定地点）	D	DAF	边境交货时（指定地点），未卸货
F	FCA	货交承运人时（指定地点）		DES	目的港船上交货（指定目的港）
	FAS	船边交货（指定装运港）		DEQ	目的港码头交货（指定目的港）
	FOB	船上交货（指定装运港）		DDU	未完税交货（指定目的地）
C	CFR	成本加运费（指定目的港）		DDP	完税后交货（指定目的地）
	CIF	成本、保险加运费付至（指定目的港）			
	CPT	运费付至（指定目的港）			
	CIP	运费、保险费付至（指定目的地）			

7.6.7　《通则 2000》与合同的关系（如下图所示）

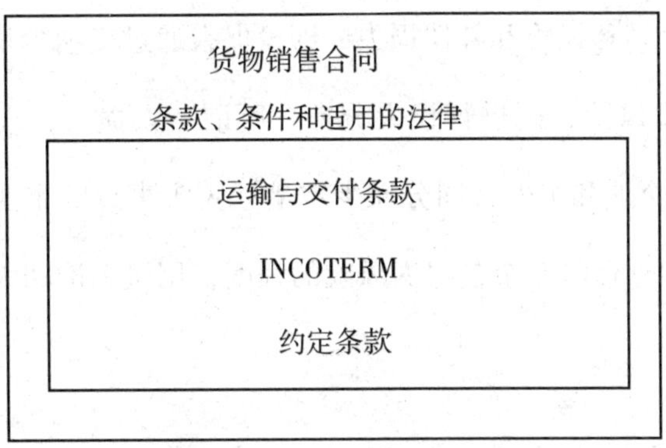

《通则 2000》与合同的关系图

切记：《通则 2000》服从于合同。运输合同中的条款几乎可以改变一切。

7.6.8　合同与《通则 2000》相关的案例

南非建筑公司 A 从德国建筑材料制造商 B 公司处以 EXW 条款签妥采购合同，合同中 A 公司向 B 公司订购某尺寸的纤维板 10000 件，工厂交货地点为 B 公司在法兰克福的工厂，总成交价格为 20000 欧元，合同规定的交货期为 2000 年 5 月 1 日。B 公司通过电报确认货物已于 2000 年 4 月 20 日按照约定日期，备妥待运。

A 公司通知其委托的德国货运代理 C 公司提货，并把货物运送到南非港口德班。由于通信故障，该指令没有及时送达至 C 公司。结果 C 公司没有按规定的日期到 B 公司提货。

在此期间，B 公司的工厂于 5 月 2 日发生了一场火灾。B 公司通知 A 公司应该在 5 月 1 日备妥待运部分纤维板因为火灾受损，因为货物按期为 A 公司备妥，所以 B 公司可以要求 A 公司向其支全部货款。

7.7 保险

7.7.1 货物运输保险

在运输过程的潜在危险中，特别是在国际贸易中，货物保险是一项保护货物的重要服务内容。对于这些危险，《海牙规则》和《海牙—维斯比规则》中规定船东对附加的受载货物灭失和损坏的有限责任可以免责。因此对货物采购给予融资的金融机构会坚持对他们参与交易的货物进行适当的投保是给予贸易融资的基本条件。

保险的基本职能是转移风险和补偿损失，即投保人通过交纳少量保险费，将风险转由保险人承担。一旦发生风险，则进行损失分摊，所谓一人损失，大家分摊，“人人为我，我为人人”，由众多的企业和个人共同分摊少数遭受灾害事故的企业和个人的损失。保险制度中的保险费率和建立保险基金是根据风险的程度，用概率论和大数法则的原理计算出来的。

7.7.2 保险的当事人

（1）投保人：又称为要保人，指与保险公司订立保险合同，并按照保险合同负有交付保费义务的人。

（2）被保险人：指根据保险合同，其财产利益或人身受保险合同保障，在出险后，享有保险金请求权的人，投保人往往同时就是被保险人。

（3）受益人：指在人身保险合同中，由被保险人或者投保人指定的享有保险金请求权的人，投保人或者被保险人可以同时作为受益人。在投保人、被保险人与受益人并非同一人时，投保人指定受益人或者变更受益人时，必须经被保险人同意。指定受益人实际上是被保险人将保险金请求权转让给受益人。

由于商品性能和要求不同，我国货物运输保险保障责任也不同。每种保险又要求有不同的保险责任的类别，这种保险责任的不同类别就是保险险别。

7.7.3 货物保险单

保险单是被保险人（投保方）和保险人（即保险公司、承保人等）之间的合同。合同中，保险人同意以认可的方式向被保险人赔偿保险单承保范围内货物的灭失和损坏。只有在约定报酬（保费或保价）的情况下，保险合同才能生效。保险单可承保的范围包括海运、空运、公路、铁路、内陆水运或邮政运输的大部分行程，也可以承保通过陆路或水路到港口、机场或货运站往返的运输。

当保险单持有人的风险责任从保险单中指定的地点开始时，保险单的保险也随之开始生效。保险责任可以在货物离开供应商工厂之后、装上船舶或飞机之前或之后开始，这取决于贸易术语和销售合同中的条款。

基本的货物保险单有两种：专用保单，承保特定单批货物；预约保单，一种对于被保险人在保单有效期内装运的所有货物都进行连续性承保的保险合同。

7.7.4 海洋货物运输保险（Ocean Marine Cargo Clause，O. M. C. C.）

海洋运输货物保险条款有很多种。

1. 基本险

（1）平安险（Free from Particular Average，F. P. A.）；

（2）水渍险（With Particular Average，W. P. A.）；

（3）一切险（All Risks）。

一切险包括以下一般附加险：

（1）偷窃、提货不着险（Risks of Theft，Pilferage and Non－delivery，T. P. N. D.）；

（2）淡水雨淋险（Risk of Fresh Water，Rain Damage，F. W. R. D.）；

（3）短量险（Risk of Shortage）；

（4）混杂、玷污险（Risks of Intermixture & Contamination）；

（5）渗漏险（Risk of Leakage）；

（6）碰损、破碎险（Risk of Clash & Breakage）；

（7）串味险（Risk of Taint of Odour）；

（8）受潮、受热险（Risk of Sweat and Heating）；

（9）钩损险（Risk of Hook Damage）；

（10）包装破裂险（Risk of Breakage of Packing）；

（11）锈损险（Risk of Rust）。

以上十一种一般附加险别均属于“一切险”范围内。如已投保了一切险，另加保或不加保上述一般附加险都不改变一切险的责任范围。在已投保一切险的条件下，即使再加保一般附加险也不另收保险费。但一般附加险不能离开主要险别而单独投保，要在主要险别基础上加保。

2. 特别附加险

（1）交货不到险条款（Failure to Deliver Clause）；

（2）进口关税险条款（Import Duty Clause）；

（3）舱面险条款（On Deck Clause）；

（4）拒收险条款（Rejection Clause）；

（5）黄曲霉素险条款（Aflatoxin Clause）；

（6）出口香港（包括九龙）、澳门存仓火险责任扩展条款（Fire Risk Extension Clause for Storage of Cargo at Destination Hong Kong，Including Knowloon，or Macao F. R. E. C.）。

上述六种特别附加险在投保前须与保险公司洽商，经保险公司接受后才能办理。

3. 特殊附加险

（1）海洋运输货物战争险（Ocean Marine Cargo War Risk）；

（2）海洋运输货物罢工险（Ocean Marine Cargo Strike Risk）。

4. 其他主要险别

（1）海洋运输冷藏货物险（Marine Insurance For Frozen Products）。

①冷藏险（Risks For Frozen Products）；

②冷藏一切险（All Risks For Frozen Products）。

（2）海洋运输散装桐油保险。

5. 海损（Marine Losses）

海上损失分为全部损失（Total Loss）及部分损失（Parial Loss）。全损又可分为实际全损和推定全损；部分损失又可分为共同海损和单独海损。

实际全损（Total Loss）指货物完全灭失或变质而失去原有用途，即货物全损已经发生或不可避免。推定全损（Technical Total Loss）指货物受损后，进行施救、整理和恢复原状所需的费用，或者再加上续运至目的地的费用总和，估计要超过货物在目的地完好状态的价值。

共同海损（General Average）是指载货舱舶在海运途中遇到危难，船方为了维护船舶和所有货物的共同安全使得航程得以继续完成，有意地并且合理地作出的某些特殊牺牲或支出的特殊费用。共同海损的成立条件：必须确有危及船、货共同安全的危险存在，而不能主观臆测；船方的措施必须是有意的、合理的；所作出的牺牲或支出的费用必须是非正常性的；构成共同海损的牺牲和费用支出必须是有效的。

单独海损（Particular Average Loss）指货物受损后，未达全损程度，而且是单独一方的利益受损并只能由该利益所有者单独负担的一部分损失。

7.7.5 陆上货物运输保险（Overland Transportation Cargo Insurance）

1. 基本险

基本险主要指火车和汽车的货物运输险。

（1）陆运险（Overland Transportation Risks）；

（2）陆运一切险（Overland Transportation All Risks）。

2. 特殊附加险

陆上运输货物战争险（Overland Transportation Cargo War Risks）。

7.7.6 航空货物运输保险（Air Transportation Cargo Insurance）

1. 基本险

主要包括在空运途中因自然灾害、意外事故或外来原因造成的货物损失。

（1）航空运输险（Air Transportation Risks）；

（2）航空运输一切险（Air Transportation All Risks）。

2. 特殊附加险

航空运输货物战争险（Air Transportaion Cargo War Risks）。

7.7.7 保险期限

保险期限就是保险公司对货物保险的责任起讫有效时间的期限，如仓至仓条款（Warehouse to Warehouse Clause，W/W）、航程终止条款（Termination of Adventure Clause）、扩展责任条款（Extended Cover Clause）和驳运条款（Craft Clause）。

7.7.8 保险人的除外责任

如果发生损失的原因不是由于自然灾害或意外事故，而是由于被保险人的恶意或过失，或者是由于商品本身的潜在缺点以及运输途中必然发生的途耗所造成的，则保险人不承担赔偿责任。这种情况称作“保险人的除外责任”。

保险单明确排除在外的风险主要有以下几种：

（1）被保险人的恶意行为或过失；

（2）货物本身特性所引起的损失；

（3）自然损耗；

（4）虫蛀鼠咬（Damage by Rats or Vermin）；

（5）延期所造成的损失（Loss due to delay）。

7.7.9 如何投保货物运输保险

在明确投保货物的投保金额，并根据货运价格、货物性质、包装特点及航线等确定投保险别后，投保人向保险公司提供投保货物的有关单证以及检验证明，办理货物运输险的投保手续，请注意以下几点：

（1）填写投保单：投保单是投保人向保险公司申请订立保险合同的书面依据，也是保险公司签发保险单接受投保的重要依据。

（2）被保险人栏目：要按保险利益的实际有关人称谓的全称填写。

（3）货物名称：应填写具体名称，一般不要笼统填写。标记，应与提单上所载的标记一致，特别要同刷在货物外包装上的实际标记相同。在包装数量中要将包装的性质如箱、包、件、捆及数量都写清楚。

（4）保险金额：一般按照发票金额 10% 加成计算，加成比例不得超过 30%；国内水路和陆路货物运输可按发票金额或发票金额加运费投保。

（5）运输工具：如果是轮船运输，应写明船名，需转运的也要写明确；如是火车、汽车或航空运输，仅写明火车、汽车牌号或空运（或航班号）即可。联运的写明联运方式。

（6）开航日期：有确切日期的要填写具体日期；无确切日期则填上约于×月×日。

（7）提单或运单号码：航程或路程应按实际填写。

（8）承保险别：要将需要投保的险别填写清楚，如有附加险别或与保险人有其他特别约定的也要在此栏注明。

（9）货运险投保日期：应在船舶开航或运输工具开行之前。

在填写货运险投保单时还应注意，投保的险别、币值与其他条件必须与销售合同和信用证上所列保险条件一致；投保后发现投保项目有错漏，要及时向保险人申请批改，否则出险后发现与货运险投保单所填情况不符，将影响保险人及时、准确的理赔。对于特殊的货物，投保人要根据保险人的要求，提供货物的有关单证（如发票、提单复印件等）及必需的检验证书等文件。

7.7.10 海上货物运输保险的索赔与理赔

索赔是指被保险人对承保范围内的货物损失，依据海上货物运输保险合同，向保险人提出赔偿损失的要求。

理赔是指保险人收到被保险人的索赔通知书后，审查货物受损原因及程度，并据以作出赔偿与否的决定。

保险人接到被保险人的索赔要求方进行理赔。

7.8 与运输相关的法律法规

7.8.1 有关国际运输法律法规

（1）《海牙规则》；

（2）《维斯比规则》；

（3）《汉堡规则》；

(4)《国际道路运输管理规定》;

(5)《国际海上货物运输法》;

(6)《华沙公约》;

(7)《全程或者部分海上国际货物运输合同公约》;

(8)《关于铁路货物运输的国际公约》;

(9)《国际铁路货物联运协定》;

(10)《联合国国际货物多式联运公约》等。

7.8.2 有关国内运输法律法规

(1)《中华人民共和国道路运输条例》;

(2)《道路运输行政处罚规定》;

(3)《道路货物运输及站场管理规定》;

(4)《道路危险货物运输管理规定》;

(5)《中华人民共和国海商法》;

(6)《中华人民共和国国际海运条例》;

(7)《中华人民共和国海事诉讼特别程序法》;

(8)《国际海洋运输危险品法规》等。

7.9 小结

单证是国际结算中应用的单据、文件与证书,人们凭借这种文件来处理国际货物的支付、运输、保险、商检和结汇等业务。本单元首先讨论了单证中的运输合同以及各种运输方式中需要的不同单证,重点讨论了提单以及缮制单证的注意事项。水路运输的单证相对复杂,是讨论的重点。

在货物运输实务中,当事人的风险主要来自单证和实际运营过程。运输实务中当事人的各种风险在本单元作了阐述,并且对控制风险提出了建议,为读者的实际工作提供了借鉴。

《通则2000》涉及的条款都与运输有关,本单元从运输的角度进行了总结和归纳。

《通则 2000》将国际贸易中的运输风险作了界定，特别要提及的是合同约束是买卖双方的法律文件，合同是可以改变所有《通则 2000》条款的内容的。

要规避运输中的风险，保险是当事人必须面对的一项工作，这里讨论了保险的险种和条款，并对投保人如何进行投保作了介绍。

在编写《货物运输实务》的过程中，主要参考了中国北方海港、空港和陆港的作业。鉴于供应链上的运输管理的复杂性和广泛性，货物运输实务纷繁复杂，本单元的讨论难免挂一漏万，可能无法具体到某一区域或者某一运输模式的特殊情况，读者在从事货物运输工作中遇到具体问题还需要进行具体的研究解决。

7.10 思考题

1. 公路、铁路、航空和水路运输各有哪些主要单证？
2. 公路、铁路、航空和水路运输合同的主要内容是什么？
3. 简述海运提单的性质。
4. 航空运单与海运提单的性质主要是什么？
5. 海运货物的托运人在操作中面临哪些风险？
6. 托运人如何防范公路、铁路、航空运输的风险？
7. 什么是不可抗力？
8. 为什么要对货物运输中的不可抗力进行描述？
9. 从事运输作业为何要投保？
10. 简述投保货物运输险的过程。
11. 简述货物运输与《通则 2000》的关系。
12. 7.6.8 节中的案例说明了什么问题？

附　件

附件1　集装箱术语

GP——通用集装箱（无通风装置）

HC——高箱

10GP——10英尺通用箱

10RT——10英尺冻柜

12ST——12英尺特种箱

20BK——20英尺散装货箱

20BO——20英尺平板式箱

20FR——20英尺板架式箱

20GP——20英尺通用箱

20HC——20英尺大型箱

20HH——20英尺半高箱

20HT——20英尺挂衣箱

20HZ——20英尺危险品箱

20OH——20英尺超高箱

20OL——20英尺超长箱

20OS——20英尺侧壁全开

20OT——20英尺开顶式箱

20OW——20英尺超宽箱

20PC——20英尺平台箱

20RE——20英尺冷藏箱

20RF——20英尺冷藏箱

20RH——20英尺高冷藏箱

20SP——20英尺专用箱

20TK——20英尺罐式箱

20WH——20英尺液体箱

22DO——20英尺半开门

40BK——40英尺散装货箱

40BO——40英尺平板式箱

40FR——40英尺板架式箱

40GP——40英尺通用箱

40HC——40英尺大型箱

40HH——40英尺半高箱

40HR——40英尺超高冷箱

40HT——40英尺挂衣箱

40HZ——40英尺危险品箱

40OH——40英尺超高箱

40OL——40英尺超长箱

40OS——40英尺侧壁全开

40OT——40英尺开顶式箱

40OW——40英尺超宽箱

40PC——40英尺平台箱

40RE——40英尺冷藏箱

40RF——40英尺冷藏箱

40RH——40英尺高冷藏箱

40SP——40英尺专用箱

40TK——40英尺罐式箱

40WH——40英尺液体箱

45BK——45英尺散装货箱

45BO——45 英尺平板式箱

45FR——45 英尺板架式箱

45GP——45 英尺通用箱

45HC——45 英尺大型箱

45HH——45 英尺半高箱

45HZ——45 英尺危险品箱

45OH——45 英尺超高箱

45OL——45 英尺超长箱

45OS——45 英尺侧壁全开

45OT——45 英尺开顶式箱

45OW——45 英尺超宽箱

45PC——45 英尺平台箱

45RF——45 英尺冷藏箱

45SP——45 英尺专用箱

45TK——45 英尺罐式箱

45WH——45 英尺液体箱

53RF——53 英尺冷藏箱

附件 2　常用集装箱规格

	干货箱规格						
	长（毫米）	宽（毫米）	高（毫米）	箱门开度尺寸		容积（立方米）	最大有效承载（千克）
				宽（毫米）	高（毫米）		
20 英尺	5897	2348	2385	2337	2272	33	28000
40 英尺	12301	2348	2385	2337	2272	67	26000
40 英尺 HC	12031	2348	2690	2337	2577	76	26000

	开顶箱规格						
	长（毫米）	宽（毫米）	高（毫米）	箱门开度尺寸		容积（立方米）	最大有效承载（千克）
				宽（毫米）	高（毫米）		
20 英尺	5898	2346	2354	2338	2244	32	21500
40 英尺	12022	2346	2381	2337	2244	66	26400

	框架箱规格						
	长（毫米）	宽（毫米）	高（毫米）	箱门开度尺寸		容积（立方米）	最大有效承载（千克）
				宽（毫米）	高（毫米）		
20 英尺	5958	2018	2077	—	—	25	27000
40 英尺	11986	2236	1968	—	—	52	39000

	冷藏箱规格						
	长（毫米）	宽（毫米）	高（毫米）	箱门开度尺寸		容积（立方米）	最大有效承载（千克）
				宽（毫米）	高（毫米）		
20 英尺	5444	2290	2262	2290	2227	26	21000
40 英尺	11556	2290	2238	2290	2204	55	27900
40 英尺 HC	11583	2290	2538	2290	2508	63	27000

备注：

1. 上述数据仅供参考；

2. 集装箱内可承载重量以船公司根据实际情况确定。

附件 3　海运委托书参考样本

TO：　　　　　FM：

货物出口委托书

APPLICATION FOR EXPORT GOODS

合同号：　　　　信用证号：　　　　＿＿年＿＿月＿＿日

<table>
<tr><td>标记号码</td><td>件数</td><td>货　名</td><td colspan="2">重　量</td><td>体积（立方米）</td></tr>
<tr><td rowspan="2"></td><td></td><td></td><td>净重</td><td></td><td rowspan="2"></td></tr>
<tr><td></td><td></td><td>毛重</td><td></td></tr>
<tr><td rowspan="2">SHIPPERS：</td><td colspan="3"></td><td rowspan="2">电话及联系人：</td><td>装船期限：</td></tr>
<tr><td colspan="3"></td><td></td></tr>
<tr><td>收货人：
CONSIGNEE：</td><td colspan="4">FAX：
TEL：　　EXT</td><td>结汇期限：</td></tr>
<tr><td>发货港：</td><td colspan="2"></td><td colspan="2">卸货港：</td><td></td></tr>
<tr><td rowspan="2">通知人名称
及详细地址：
NOTIFY PARTY
&FULL ADDRESS</td><td colspan="3" rowspan="2">FAX：　TEL：　EXT</td><td>可否分批：
否　是</td><td>可否转船：
否　是</td></tr>
<tr><td>提单份数：
做电放</td><td>正本：
副本：</td></tr>
<tr><td colspan="6">特殊条款：</td></tr>
<tr><td colspan="6">备注：
订舱/港杂：</td></tr>
</table>

注：全部用英文填写。

附件4 装箱单样本

装 箱 单 日期：

PACKING LIST Date：________

发票编码 Invoice No.：____________________

客 户： 合约号：

To Messts：____________________ Contract No.：____________________

船 名： 由 至 付款条件

Shipped by ____________________ From to Terms of Payment：________

箱号	货物名称及规格	总箱数	总数量	总毛重 （G. W.）	总净重 （N. W.）
合计 Total					

附件 5 铁路车辆规格

棚车规格

类型	载重（吨）	长度（毫米）	宽度（毫米）	高度（毫米）	容积（立方米）	车底板距轨面高度（毫米）	车辆自重（吨）	车体材质（内）	车体材质（外）
P61	60	15140	2830	2819	120.0	1079	24.0	木	钢
P62	60	15490	2820	2760	120.0	1141	24.0	钢	钢
P13	60	15470	2850	2840	123.0	1116	22.0	木	钢
P60	60	15470	2850	2750	120.0	1144	22.2	木	钢

敞车规格

类型	自重（吨）	载重（吨）	容积（立方米）	车内（长×宽×高）（毫米×毫米×毫米）	最大宽×高（毫米×毫米）	车底板距轨面高度（毫米）	底板材质
C13	17.7	60	57.3	12920×2750×1600	3160×3045	1293	木
C16	19.3	60	49.9	12500×2900×1400	3190×2484	1097	钢
C60	17.2	60	67.4	12920×2820×1850	3160×3137	1147	木
C62	18.2	60	68.8	12500×2900×1900	3180×3149	1079	钢
C65	19.3	60	75.0	13000×2900×2000	3190×3267	1073	钢

平车规格

类型	自重（吨）	载重（吨）	长度（毫米）	宽度（毫米）	高度（毫米）	重心高（毫米）	记事
N4	20	40	12500	2870	1175	850	鱼腹梁
N7	14.5	40	11500	2860	1269	850	一般梁
N5	20	50	10370	2750	1250	950	一般梁
N9	22	60	13400	2870	1260	900	鱼腹梁
N10	17.5	50	12380	2590	1300	850	鱼腹梁
N13	20.5	60	12500	2990	1264	900	鱼腹梁
N14	17	60	12500	2990	1170	850	鱼腹梁
N15	15.8	60	8170	3000	1490	682	鱼腹梁

注：我国现有平车以 60 吨最多，30 吨次之。平车用于装载长大货物（敞车装卸困难）。对于汽车、拖拉机及其他裸装机械，一般装平车。用平车装运货物，其高度和宽度均不得超过车辆限界。

普通铁路集装箱规格

规格 \ 箱型	1 吨箱	10 吨箱	20 英尺箱	40 英尺箱
外部尺寸（毫米）	900×1300×1300	3070×2500×2650	6058×2438×2591	12192×2438×2591
内部尺寸（毫米）	830×1264×1150	2921×2402×2396	5879×2352×2378	12012×2352×2378
内部容积（立方米）	1.2	16.81	32.88	67.2
最大载重量（千克）	825	8300	21000	36000
自重（千克）	175	1618	2402	3990

附件 6　公路运输合同参考样本

甲方（托运方）：____________　　乙方（承运方）：____________

地址：______________________　　地址：______________________

电话：______________________　　电话：______________________

传真：______________________　　传真：______________________

甲方指定乙方为甲方货物提供公路运输服务。双方经友好协商，就具体事宜达成如下协议：

第一条　承运货物及起止地点

1.1　托运的主要货物为：________，包装：甲方确保产品符合有关国家规定的标准包装，属性：________；

1.2　货物的起运地点：________；

1.3　到达地点：________；

1.4　甲方托运的其他货物及服务内容，以货物运单或补充协议说明。

第二条　操作流程

①甲方发出运输指令；②乙方回复确认书；③甲方装货；④双方验货签收；⑤发往目的地交货；⑥收货单位验签；⑦验收后取回单；⑧将回单交回甲方；⑨甲方承付运费。

如乙方装货，则由甲方负担费用。

第三条　甲方的义务和责任

3.1　甲方至少提前 8 小时以电话或书面传真形式向乙方发出运输指令，通知内容包含发运时间、运输方式、货物名称、数量；并准确提供发运地方和目的地及联络方式等信息。如发生特殊情况，甲方在乙方派出车辆前3小时有权对合理的内容进行变更。

3.2 甲方保证所托运的货物不属于国家违禁品。

3.3 甲方负责对乙方有关责任人和操作人员进行必要的运作要求培训。

3.4 因甲方交代不清而引起的无法抵达目的地或找不到收货人所造成的损失由甲方负责。

3.5 甲方保证按合同要求在乙方向甲方提交相关单据时及时结算运费给乙方。

第四条 乙方责任

4.1 乙方接受甲方的委托，为其提供货物运输服务，乙方应及时操作转运货物，安全、准时、准确地将货物运至甲方指定的目的地并派送到门。

4.2 司机把货物送达目的地后，若客户对货物有任何意见，司机绝对不可以与客户发生争执，应立即与乙方负责人联系，并将事件及时回报给甲方。

4.3 乙方必须严格按照附件中所列运输时间执行，若因特殊情况，货物没有按预定时间到达时，乙方应及时与甲方取得联系，向甲方汇报并进行处理。若甲方调查中发现有不合实际的情况，有权作出处罚。

4.4 乙方在承运过程中发生的货物被盗、丢失、淋湿、货损、交货不清及货物破损等，概由乙方负责。

4.5 由于自然灾害或交通事故造成货物无法准时到达时，乙方必须及时通知甲方，由双方共同协商解决，若由于未及时通知甲方而造成货物过期到达，造成甲方损失应由乙方负责赔偿。

4.6 甲方若委托乙方代办货物运输保险，乙方应配合甲方进行保险，并对投保的货物承担全部的责任。

4.7 乙方不得向甲方员工赠送财物，若经发现，甲方有权处理乙方未结运费。

第五条 费用及结算方式

5.1 费用的结算标准为：详见附件。

5.2 结算方法为：每月5日前结算上月发生的运输费用，乙方需交付有效作业凭证及结算汇总表，经甲方审核无误后在3个工作日内支付乙方运费，如遇节假日则时间顺延。如有扣除的款项，应在运费中扣除。货到提付运费的甲乙双方都备有底根，以便于查账。

第六条 违约责任

6.1 因甲方提供资料不齐全而导致乙方无法送达或者延误送达，损失由甲方负责。乙方在运输过程中如果发现甲方所提供的收货人联系电话、地址有误，必须及时与甲方联系寻求解决办法。否则损失由乙方负责。

6.2 乙方错运到达地点或收货人的，乙方必须无偿将货物运到指定地点交付给收货人，由此造成的货物过期送达的，按甲方规定条例处理。如果造成货物误收而丢失，乙方应照价赔偿。

6.3 由于乙方的过失造成货物过期到达，超过《公路运输价格表》上双方所约定的时间（且没有取得甲方的认可），每次乙方需支付给甲方人民币100元的违约金。由于不可抗力造成乙方交货延误，影响执行合同时，乙方应及时通知甲方并采取措施防止事件的扩大。经双方协商可适当放宽到货时间。

6.4 合同终止后，甲乙双方不再合作，双方在一个月内结清所有运费。

第七条 文本及时效

7.1 本合同签订时，双方必须出具法人资格文件和其他注册资料。如属法人委托人签署的，应有法人委托书原件。

7.2 本合同一式两份，甲、乙双方各持一份，具有同等法律效力。

7.3 本合同有效期为________年________月________日至________年________月________日。

7.4 本合同自双方签字盖章之日起生效。

7.5 自本合同生效之日起一个月内为试用期，试用期内，如乙方要求提前终止合同，必须提前15日通知甲方。否则甲方有权不退还乙方未结运费。

7.6 本合同全部内容属商业秘密，双方均有责任保守秘密。

第八条 变更与终止

8.1 合同如有变更或者补充，经协商一致后，以补充协议形式确定，补充协议与原合同具有同等效力。

8.2 本合同终止后，合同双方仍承担合同终止前本合同规定的双方应该履行而未履行完毕的一切责任与义务。

8.3　合同如需提前终止，须双方书面同意。

第九条　纠纷的解决

若合同在履行中产生纠纷，双方应及时协商解决。协商无效的，可向合同履行地申请仲裁，或向人民法院申请诉讼解决。

甲方（盖章）：　　　　　　　　　　　　　　　　　　乙方（盖章）：

代表人（签字）：　　　　　　　　　　　　　　　　　代表人（签字）：

附件 7　铁路运输合同参考样本

托运方：______________________________

地 址：________邮码：________电话：________

法定代表人：________职务：________

承运方：____________________

地址：________邮码：________电话：________

法定代表人：________职务：________

根据国家有关运输规定，经过双方充分协商，特订立本合同，以便双方共同遵守。

第一条　货物名称、规格、数量、价款

第二条　包装要求

托运方必须按照国家主管机关规定的标准包装；没有统一规定包装标准的，应根据保证货物运输安全的原则进行包装，否则承运方有权拒绝承运。

第三条　货物起运地点及货物到达地点

第四条　货物承运日期及货物运到期限

第五条　运输质量及安全要求

第六条　货物装卸责任和方法

第七条　收货人领取货物及验收办法

第八条　运输费用及结算方式

第九条　各方的权利义务

一、托运方的权利义务

1. 托运方的权利：要求承运方按照合同规定的时间、地点，把货物运输到目的地。货物托运后，托运方需要变更到货地点或收货人，或者取消托运时，有权向承运方提出变更合同的内容或解除合同的要求。但必须在货物未运到目的地之前通知承运方，并应按有关规定付给承运方所需费用。

2. 托运方的义务：按约定向承运方交付运杂费。否则，承运方有权停止运输，并要求对方支付违约金。托运方对托运的货物，应按照规定的标准进行包装，遵守有关危险品运输的规定，按照合同中规定的时间和数量交付托运货物。

二、承运方的权利义务

1. 承运方的权利：向托运方或收货方收取运杂费用。如果收货方不交或不按时缴纳规定的各种运杂费用，承运方对其货物有扣压权。查不到收货人或收货人拒绝提取货物，承运方应及时与托运方联系，在规定期限内负责保管并有权收取保管费用，对于超过规定期限仍无法交付的货物，承运方有权按有关规定予以处理。

2. 承运方的义务：在合同规定的期限内，将货物运到指定的地点，按时向收货人发出货物到达的通知。对托运的货物要负责安全，保证货物无短缺，无损坏，无人为的变质，如有上述问题，应承担赔偿义务。在货物到达以后，按规定的期限，负责保管。

三、收货人的权利义务

1. 收货人的权利：在货物运到指定地点后有以凭证领取货物的权利。必要时，收货人有权向到站，或中途货物所在站提出变更到站或变更收货人的要求，签订变更协议。

2. 收货人的义务：在接到提货通知后，按时提取货物，缴清应付费用。超过规定提货时，应向承运人交付保管费。

第十条　违约责任

一、托运方责任

1. 未按合同规定的时间和要求提供托运的货物，托运方应按其价值的________%偿付给承运方违约金。

2. 由于在普通货物中夹带、匿报危险货物，错报笨重货物重量等招致吊具断裂，货物摔损、吊机倾翻、爆炸和腐蚀等事故，托运方应承担赔偿责任。

3. 由于货物包装缺陷产生破损，致使其他货物或运输工具、机械设备被污染腐蚀、损坏及造成人身伤亡的，托运方应承担赔偿责任。

4. 在托运方专用线或在港、站公用线、专用线自装的货物，在到站卸货时，发现货物损坏、缺少，在车辆施封完好或无异状的情况下，托运方应赔偿收货人的损失。

5. 罐车发运货物，因未随车附带规格质量证明或化验报告，造成收货方无法卸货时，托运方应偿付承运方卸车等存费及违约金。

二、承运方责任

1. 不按合同规定的时间和要求配车、发运的，承运方应偿付甲方违约金________元。

2. 承运方如将货物错运至到货地点或接货人，应无偿运至合同规定的到货地点或接货人。如果货物逾期到达，承运方应偿付逾期交货的违约金。

3. 运输过程中货物灭失、短少、变质、污染和损坏，承运方应按货物的实际损失（包括包装费、运杂费）赔偿托运方。

4. 联运的货物发生灭失、短少、变质、污染和损坏，应由承运方承担赔偿责任的，由终点阶段的承运方向负有责任的其他承运方追偿。

5. 在符合法律和合同规定条件下的运输，由于下列原因造成货物灭失、短少、变质、污染和损坏的，承运方不承担违约责任：

①不可抗力；

②货物本身的自然属性；

③货物的合理损耗；

④托运方或收货方本身的过错。

本合同正本一式两份，合同双方各执一份；合同副本一式______份，送________等单位各留一份。

托运方：________________________________

代表人：________________________________

________年________月________日

承运方：________________________________

代表人：________________________

______年______月______日

附件8 航空运输合同参考样本

托运人（姓名）______与中国民用航空______航空公司（以下简称承运人）协商空运______（货物名称）到______（到达地名），特签订本合同，并共同遵守下列条款。

第一条 托运人于______月______日起需用______型飞机______架次运送______（货物名称），其航程如下：

______月______日自______至______，停留______日；

______月______日自______至______，停留______日；

运输费用总计人民币______元。

第二条 根据飞机航程及经停站，可供托运人使用的载量为______千克（内含客座）。如因天气或其他特殊原因需增加空勤人员或燃油时，载量照减。

第三条 飞机吨位如托运人未充分利用，民航可以利用空隙吨位。

第四条 承运人除因气象、政府禁令等原因外，应依期飞行。

第五条 托运人签订本合同后要求取消飞机班次，应交付退机费______元。如托运人退机前承运人为执行本合同已发生调机费用，应由托运人负责交付此项费用。

第六条 托运方负责所运货物的包装。运输中如因包装不善造成货物损毁，由托运方自行负责。

第七条 运输货物的保险费由承运方负担。货物因承运方问题所造成的损失，由承运方赔偿。

第八条 在执行合同的飞行途中，托运人如要求停留，应按规定收取留机费。

第九条 本合同如有其他未尽事宜，应由双方共同协商解决。凡涉及航空运输规则规定的问题，按运输规则办理。

托运人：__________　　　　承运人：__________

开户银行：____________　　　　开户银行：____________

银行账号：____________　　　　银行账号：____________

________年________月________日订

附件 9　国际货物运输委托代理合同参考样本

甲方（委托人）：____________________

法定代表人：____________________

法定地址：____________________　　邮编：____________________

经 办 人：____________联系电话：____________传真：____________

银行账户：____________________

乙方：中国外运____________________公司（代理人）

法定代表人：____________________

法定地址 ：____________________　　邮编：____________________

经办人：____________联系电话：____________传真：____________

银行账户：____________________

甲乙双方经过友好协商，就乙方代理甲方办理国际货物运输的有关事宜达成以下合同：

1. 甲方委托乙方代为办理订舱、报关、报验、装箱、转运及代垫代付海运运费等相关运输事宜。

2. 甲方委托乙方代为订舱时，甲方应及时送交或者传真给乙方正确、齐备的托运单据。托运单应明确标明甲方订舱单位名称、电话、传真及联系人并加盖公章。托运单内容应注明货物的件数、重量、体积、目的港、装船日期、货物品名、运费条款及特别要求。

3. 甲方委托乙方代理报关、报验时，应提供合法、合格、正确和齐全的报关报验单证。依贸易性质不同可包括：合同、发票、商检证书、许可证、核销文件、报关单、手册、装箱单及有关批文等。

4. 甲方委托乙方代为办理货物的装箱、中转运输时，应在托运单或者相关函电中予以明示。包括代为联系仓储、装卸、转运、短驳和装拆箱等事宜。

5. 为了维护甲方利益，乙方可以为甲方代垫代付海运运费，港口费用及其他代理代办费用。上述款项及运输代理费可采用包干费或者本合同规定的其他方式由甲方支付给乙方，如遇有关费率调整，应相应调整包干费。

6. 甲方在其委托乙方办理的出口代运货物中，不得夹带易燃、易爆物品及国家规定的禁止出口的物品。

7. 乙方在接到甲方的订舱单后，应立即前往船公司办理配载等手续。除甲方能证明乙方在配载上有过错外，乙方不承担任何责任。如果货物未能按期配载，乙方应及时将有关情况通知甲方。

8. 乙方接到甲方的订舱单后，甲方要求变更订舱单所列事项的，应在货物装船________天前向乙方出具书面更改单，注明日期并加盖甲方印章。因变更订舱事项所引起的各项费用，由甲方全部承担。

9. 除甲方能证明由于乙方的原因造成退税单、核销单等单据不能按期退交外，乙方不承担任何责任，但乙方应及时以口头或者书面形式告知甲方，并协助甲方尽快收回。

10. 甲方要求货物紧急出运时，应事先在托运单“特别要求声明”中注明或者以其他书面形式通知乙方，并由乙方最后确认航期，否则乙方不承担延误运输责任。

11. 甲方同意于船开后________天内，将乙方代垫代付的海运运费、港口费用、其他代理代办费用及运输代理费以________方式付给乙方。

12. 甲方如未按照合同的规定准时付费，每逾期一天，应向乙方支付未付部分万分之五的违约金。在甲方未按照合同约定支付乙方费用时，乙方有权滞留相应的运输单据，由此产生的所有损失和责任由甲方承担。

13. 甲方未及时付费造成承运人依法留置货物的，由甲方自行承担责任。

14. 如货物的灭失或损坏是由于我国《海商法》第五十一条所列明的原因造成的，乙方不承担任何责任。

15. 乙方在代理货物运输的过程中应尽心尽责，对于因乙方的过失而导致甲方遭受的直接损失和发生的费用承担责任，以上损失不包括货物因延迟等原因造成的经济损失。在任何情况下，乙方的赔偿责任都不应超出每件________元人民币或每千克________元人民币的责任限额，两者以较低的限额为准。

16. 本合同项下发生的任何纠纷或者争议，应提交________海事法院审理。或者本合同项下发生的任何纠纷或者争议，应提交________仲裁委员会，根据该会的仲裁规则进行仲裁。仲裁裁决是终局的，对双方都有约束力。

（注：上述两条款，只能选择一项，请各单位自行决定。）

本合同的订立、效力、解释、履行、争议的解决均适用中华人民共和国法律。

17. 本合同经甲乙双方签字盖章之日起生效，合同有效期为一年。本合同期满之日前，甲乙双方如无异议，则自动延长一年；任何一方均可在期满前提出终止合同，但应以书面方式通知另一方。

18. 经甲乙双方协商一致，可对本合同进行修改及补充的内容经双方签字盖章后作为本合同的组成部分。本合同一式________份。

甲方：　　　　　　　　　　　　　　　　　　乙方：

签字盖章：　　　　　　　　　　　　　　　　签字盖章：

____年____月____日　　　　　　　　　　　　____年____月____日

附件 10　国内水路运输合同参考样本

甲方：____

地址：____________邮码：____________电话：____________

法定代表人：____________________职务：____________________

乙方：____

地址：____________邮码：____________电话：____________

法定代表人：____________________职务：____________________

根据《中华人民共和国合同法》和海上运输管理规定的要求，________（以下简称甲方）向________交通海运局（以下简称乙方），计划托运________货物，乙方同意承运，特签订本合同，共同遵守，互相制约，具体条款经双方协商如下：

一、运输方法

乙方调派________吨位船舶一艘（船舶吊装设备），应甲方要求由________港运至________港，按现行包船运输规定办理。

二、货物集中

甲方应按乙方指定时间，将________货物于________天内集中于________港，货物集齐后，乙方应在5天内派船装运。

三、装船时间

甲方联系到达港同意安排卸装后，经乙方落实并准备接收集货（开集日期由乙方指定）。装船作业时间，自船舶抵港已靠好码头时起于________小时内装完货物。

四、运到期限

船舶自装货完毕办好手续时起于________小时内将货物运到目的港。否则按有关规定承担滞延费用。

五、起航联系

乙方在船舶装货完毕起航后，即发报通知甲方做好卸货准备。如需领航时亦通知甲方按时派引航员领航，费用由________方负担。

六、卸船时间

甲方保证乙方船舶抵达________港锚地，自下锚时起于________小时内将货卸完。否则甲方按超过时间向乙方交付滞延金每吨时________元，在装卸货过程中，因天气影响装卸作业的时间，经甲方与乙方船舶签证，可按实际影响时间扣除。

七、运输质量

乙方装船时，甲方应派人员监装，指导工作照章操作，装完船封好舱，甲方可派押运员（免费一人）随船押运。乙方保证原装原运，除因船舶安全条件所发生的损失外，对于运送货物的数量和质量均由甲方自行负责。

八、运输费用

按国家规定水运货物一级运价率以船舶载重吨位计货物运费________元，空驶费按运费的50%计________，全船运费为________元，一次计收。

九、费用结算

本合同经双方签字后，甲方应先付给乙方预付运输费用________元。乙方在船舶卸完后，以运输费用凭据与甲方一次结算，多退少补。

十、附则

本合同甲乙双方各执正本一份，副本________份。并向工商行政管理局登记备案，如有未尽事宜，按照《中华人民共和国合同法》及国家的有关规定处理。

甲方：____________________　　　　乙方：____________________

代表人：____________________　　　　代表人：____________________

________年________月________日　　　　________年________月________日

附件 11　船期表参考样本（部分）

出口口岸：新港

航线	船名	出口航次	代码	截关时间	预计开航	主要挂港
SERVICE	NAME OF VESSEL	VOYAGE	ICC CODE	GATE OFF	ETD	SERVICE PORTS
中日韩航线 KCX + KJWS（周四）	SUNNY OAK 高丽乐土	0913E	SOK	2009 – 7 – 1 16：00	2009 – 7 – 2	直航釜山、蔚山、日本偏港；釜山中转日本、韩国、远东、东南亚、中东印巴等港口
	SUNNY PINE 高丽青松	0913E	SNP	2009 – 7 – 8 16：00	2009 – 7 – 9	
	SUNNY OAK 高丽乐土	0914E	SOK	2009 – 7 – 15 16：00	2009 – 7 – 16	
	SUNNY PINE 高丽青松	0914E	SNP	2009 – 7 – 22 16：00	2009 – 7 – 23	
	SUNNY OAK 高丽乐土	0915E	SOK	2009 – 7 – 29 16：00	2009 – 7 – 30	

附件 12　海运、空运各种费用中英文表述

海运费 Ocean Freight

集卡运费、短驳费 Drayage

订舱费 Booking Charge

报关费 Customs Clearance Fee

操作劳务费 Labour Fee or Handling Charge

商检换单费 Exchange Fee for Cip

换单费 D/O Fee

拆箱费 De – vanning Charge

港杂费 Port Sur - charge

电放费 B/L Surrender Fee

冲关费 Emergent Declearation Change

海关查验费 Customs Inspection Fee

待时费 Waiting Charge

仓储费 Storage Fee

改单费 Amendment Charge

拼箱服务费 LCL Service Charge

动植检疫费 Animal & Plant Quarantine Fee

移动式其重机费 Mobile Crane Charge

进出库费 Warehouse in/out Charge

提箱费 Container Stuffing Charge

滞期费 Demurrage Charge

滞箱费 Container Detention Charge

卡车运费 Cartage Fee

商检费 Commodity Inspection Fee

转运费 Transportation Charge

污箱费 Container Dirtyness Change

坏箱费用 Container Damage Charge

清洁箱费 Container Clearance Charge

分拨费 Dispatch Charge

车上交货 FOT（Free on Track ）

电汇手续费 T/T Fee

转境费/过境费 I/E Bonded Charge

空运方面的专用术语

空运费 Air Freight

机场费 Air Terminal Charge

空运提单费 Airway Bill Fee

燃油附加费（FSC） Fuel Surcharge

安全附加费（SCC） Security Sur - charge

抽单费 D/O Fee

附件13　附加费中英文表述

燃油附加费 Bunker Surcharge or Bunker Adjustment Factor ，BAF

货币贬值附加费 Devaluation Surcharge or Currency Adjustment Factor，CAF

绕航附加费 Deviation Surcharge

苏伊士运河附加费 Suez Canal Surcharge

转船附加费 Transhipment Surcharge

直航附加费 Direct Additional

港口附加费 Port Surcharge

港口拥挤附加费 Port Congestion Surcharge

超重附加费 Heavy - Lift Additional

超长附加费 Long Length Additional

洗舱费 Cleaning Charge

熏蒸费 Fumigation Charge

冰冻附加费 Ice Surcharge

选择卸货港附加费 Optional Fees or Optional Additional

变更卸货港附加费 Alteration Charge

美国舱单录入系统费 American Manifest System，AMS

燃油调整附加费 Bunker Adjustment Factor，BAF

货币汇率附加费 Currency Adjustment Factor，CAF

货柜服务费 Container Service Charge，C. S. C

目的港码头费 Destination Delivery Charge，DDC

设备位置附加费 Equipment Position Surcharges，EPS

燃料附加费 Fuel Adjustment Factor，FAF

港口拥挤附加费 Port Congestion Surcharge，PCS

旺季附加费 Peak Season Surcharges，PSS

本地收货费用（广东省收取）Original Receive Charges，ORC

码头操作费 Terminal Operations Option，T. O. C

码头操作费 Terminal Handling Charges，THC

码头收柜费 Terminal Receiving Charge，T. R. C

日元升值附加费 Yen Adjustment Surcharge，YAS

战争附加费 War Risk Surcharge，WRS